Paul Friese

Kultur- und migrationssensible Beratung

Basiswissen Beratung

Die Reihe Basiswissen Beratung spiegelt den Stand einer modernen, theoretisch begründeten und erfahrungsbasierten Beratungspraxis wider. Die Buchreihe richtet sich an Fachkräfte der Erziehungs- und Familienberatung und angrenzender Arbeitsfelder sowie an Studierende der Human-, Sozial- und Erziehungswissenschaften. Basiswissen Beratung wird durch ein Editorial Board mit namhaften Vertreter/innen der Beratungspraxis, der Psychologie, der Sozialen Arbeit und der Kinder- und Jugendpsychiatrie fachlich begleitet.

Die Reihenherausgeber

Dipl.-Psych. Gesine Götting, Leiterin der Erziehungsberatungsstelle des Landkreises Peine, Mitglied im Vorstand der Landesarbeitsgemeinschaft für Erziehungsberatung Niedersachsen und stellvertretende Vorsitzende der bke.

Dipl.-Psych. Dr. Hermann Scheuerer-Englisch, Leiter der Erziehungsberatungsstelle der Katholischen Jugendfürsorge, Regensburg, stellvertretender Vorsitzender der Landesarbeitsgemeinschaft für Erziehungsberatung Bayern und Mitglied im Vorstand der bke.

Dipl.-Soz. Päd. Rainer Borchert, Leiter der kommunalen Erziehungsberatungsstelle Kiel und stellvertretender Vorsitzender der bke.

Editorial Board

Paul Friese

Kultur- und migrationssensible Beratung

BELTZ JUVENTA

Der Autor

Paul Friese, Jg. 1951 ist Diplompsychologe und Psychologischer Psychotherapeut. Er ist Mitbegründer der Erziehungs- und Familienberatungsstelle im Internationalen Familienzentrum e.V. Frankfurt am Main, die er bis 2016 leitete. Mitglied im Vorstand des Internationalen Familienzentrums. Seine Arbeitsschwerpunkte sind kultur- und migrationssensible Beratung und Therapie, kultursensibler Kinderschutz und interkulturelle Kompetenz in Institutionen.

Dieses Buch ist erhältlich als:
ISBN 978-3-7799-6029-4 Print
ISBN 978-3-7799-5305-0 E-Book (PDF)

1. Auflage 2019

in der Verlagsgruppe Beltz · Weinheim Basel
Werderstraße 10, 69469 Weinheim

Herstellung und Satz: Ulrike Poppel
Druck und Bindung: Beltz Grafische Betriebe, Bad Langensalza
Printed in Germany

Weitere Informationen zu unseren Autor_innen und Titeln finden Sie unter:
www.beltz.de

Inhalt

Einführung

Interkulturelle Kompetenz als Anforderungsprofil in der Erziehungsberatung beschäftigt den Autor seit vielen Jahren. Er hatte Gelegenheit, seit Mitte der 70er-Jahre des letzten Jahrhunderts am Aufbau eines sozialen Trägers (Internationales Familienzentrum e.V. – IFZ in Frankfurt am Main) beteiligt zu sein, der sich von Anfang an schwerpunktmäßig der Bildung, Beratung und Betreuung von Menschen mit Migrationshintergrund widmete, sich zugleich aber als Einrichtung auch für Menschen ohne Migrationshintergrund versteht, also nicht als Sondereinrichtung für Migrant/innen. In diesem Kontext wurde auch die Erziehungs- und Familienberatungsstelle des IFZ gegründet, und Konzepte für eine kultur- und migrationssensible Beratungsarbeit wurden ausgearbeitet. Diese sind langjährig erprobt, werden ständig weiterentwickelt und natürlich in der alltäglichen Arbeit der Beratungsstelle praktiziert. Die Beratungsstelle des IFZ ist von Beginn an Teil der allgemeinen Versorgung in der Stadt Frankfurt am Main mit Erziehungsberatung, aber immer auch mit dem spezifischen fachlichen Blick auf Migrationsfamilien und mit einem Angebot von derzeit zehn verschiedenen Beratungssprachen. Die Konzeption der Erziehungs- und Familienberatungsstelle des IFZ ist in den Onlinematerialien zu diesem Buch präsent (siehe auch: http://ifz-ev.de/fileadmin/mediathek/PDFs/IFZ-HzE-EB-D-Konzeption_EB-06.2016.pdf).

Wenn wir einen migrations- und kulturspezifischen Blick auf die Institutionelle Erziehungsberatung werfen, ist die Erkenntnis grundlegend, dass gesamtgesellschaftliche Prozesse, die Bevölkerungsentwicklung, Veränderungen der wirtschaftlichen und politischen Rahmenbedingungen stets auch neue Anforderungen an die Jugendhilfe und die psychosoziale Versorgung stellen. Manchmal gelingt es in den Institutionen und Beratungseinrichtungen, auf diese Anforderungen durch eigene neue Konzepte oder Handlungsstrategien zu reagieren (z. B. Einstellung muttersprachlicher Berater/innen, mehrsprachiges Infomaterial, Sprechstunden in Kitas, Schulen und Flüchtlingsheimen). Am besten kann das funktionieren, wenn in der Beratungsstelle veränderte Anforderungen rechtzeitig erkannt werden, so dass konzeptionelle Modifikationen frühzeitig realisiert werden können.

In den Beratungseinrichtungen, die sich schon lange mit der Migrationsthematik beschäftigen, gibt es langjährige Erfahrung in dem Bemühen, interkulturell kompetentes Handeln in Erziehungsberatungsstellen durch Fort- und Weiterbildungen, Workshops, Informationsinputs oder durch Einbringen in die fachpolitischen Gremien zu verankern. Weil das Migrationsthema lange genug verkannt oder nicht ernst genug genommen wurde, hat das den „interkulturellen Professionellen" allerdings bislang viel Durchhaltevermögen, Geduld und eine hohe Frustrationstoleranz abverlangt. Dazu gehört auch die Erkenntnis, dass grundlegende Informationen, die uns als selbstverständlich und banal erscheinen, immer wieder neu gegeben werden müssen, weil sie offenbar eben genau das nicht sind.

Der Anteil von Ausländern und Migrant/innen in der Gesamtbevölkerung ist sehr ungleich verteilt: Was in den großen Städten (vor allem in Westdeutschland) als Thema lange schon verankert ist, spielte bisher in den ländlichen Regionen und in den östlichen Bundesländern eine weit geringere Rolle.

Das hat sich zusehends mit der Vielzahl von aus ihren Heimatländern geflohenen Menschen geändert, die seit 2014 nach Deutschland gekommen sind und die nun bundesweit verteilt werden. Die Themen Migration, Flucht und Vertreibung beschäftigen inzwischen die Erziehungsberatung in ganz Deutschland, auch wenn geflüchtete Menschen längst noch nicht in allen Beratungsstellen angekommen sind. Interkulturelle Fragestellungen werden häufiger thematisiert, Weiterbildungen zu kultursensiblen Aspekten in der psychosozialen Arbeit stärker nachgefragt.

Interkulturelle Kompetenz in der Erziehungsberatung ist eine Anforderung an Träger Institutioneller Erziehungsberatung und die Mitarbeiter/innen in den Erziehungsberatungsstellen in gleicher Weise. Über mehrere Jahrzehnte hinweg wurde der Ruf nach Verbesserung der interkulturellen Kompetenzen in den Beratungsdiensten laut – oft verbunden mit der Forderung nach der interkulturellen Öffnung der Einrichtungen, also auch der Institutionellen Erziehungsberatung. Die Notwendigkeit ergibt sich aus der Geschichte der Immigration nach Deutschland und der Versuche, sie ökonomisch und politisch zu lenken oder zu regulieren. Spätestens nach der Ermöglichung des Familiennachzugs für Arbeitsmigranten in den 70er-Jahren des letzten Jahrhunderts wurde deutlich, dass aus einer arbeitsmarktpolitischen Regelung eine gesamtgesellschaftliche Herausforderung erwachsen war. Vor allem waren in den Bereichen Schule, Sozialpolitik und Gestaltung des Zusammenlebens von Menschen unterschiedlicher Herkunft, Religion und Werteorientierung neue Lösungsstrategien zu entwickeln.

Wichtige Voraussetzung für die Aneignung interkultureller Kompetenzen ist eine gelingende interkulturelle Ausrichtung eines Jugendhilfeträgers, d. h. insbesondere dessen Bereitschaft, sich mit der Thematik interkulturellen Zusammenlebens und ihrer Auswirkung auf die fachliche Arbeit zu beschäftigen.

> „Interkulturelle Öffnung kann zusammenfassend verstanden werden als ein bewusst gestalteter Prozess, der (selbst-)reflexive Lern- und Veränderungsprozesse von und zwischen unterschiedlichen Menschen, Lebensweisen und Organisationsformen ermöglicht, wodurch Zugangsbarrieren und Abgrenzungsmechanismen in den Organisationen abgebaut werden und Anerkennung möglich wird" (Schröer 2007, S. 9f, zitiert nach: Handschuck; Schroer 2012, S. 45).

Die Idee, dass Menschen mit Migrationshintergrund sich an das Versorgungssystem anpassen sollten, um Unterstützung, Beratung und Therapie zu erhalten, tritt also zurück gegenüber dem Konzept, dass das System selbst und seine Repräsentanten (Fachkräfte und anderes Personal) sich für Migrationsklientel öffnen und qualifizieren müssen. Partizipation von Menschen mit Migrationshintergrund, ihr gleichberechtigter Zugang zu gesellschaftlichen, sozialen und politischen Prozessen und zu den hierfür relevanten Institutionen ist erklärtes Ziel.

Gegen dieses ambitionierte Ziel regt sich oftmals schon auf der Alltagsebene der Einrichtungen deutlicher Widerstand: „Gerne nehme ich mich dieser Aufgabe an, wenn es mehr Personal dafür gibt." Oder: „Wir arbeiten ohnehin schon am oberen Rand unserer Kapazitäten, wenn jetzt noch massenhaft Migrationsfamilien auf uns zukommen, schaffen wir das nicht mehr." Neuerdings auch: „Wir befürchten, dass wir mit verstärkter Aufmerksamkeit gegenüber Migranten bei den Deutschen [gemeint sind Menschen ohne Migrationshintergrund] Unmut und Vorbehalte provozieren."

Diese immer wiederkehrenden Einwände verdeutlichen, dass das Gebot, eine bedarfsgerechte Versorgung der Bürgerinnen und Bürger mit Angeboten der Jugendhilfe zu ermöglichen, in den Hintergrund tritt, und es stattdessen oftmals mehr um das Funktionieren der Institution und um die Befindlichkeiten des Personals geht. Das widerspricht eklatant dem grundlegenden Anliegen des SGB VIII. Hier heißt es nämlich:

> „Jeder junge Mensch hat ein Recht auf Förderung seiner Entwicklung und auf Erziehung zu einer eigenverantwortlichen und gemeinschaftsfähigen Persönlichkeit. (…).
> Jugendhilfe soll (…) junge Menschen in ihrer individuellen und sozialen Entwicklung fördern und dazu beitragen, Benachteiligungen zu vermeiden oder abzubauen (…)." (§ 1 SGB VIII)

Und dann noch dezidierter:

> „Bei der Ausgestaltung der Leistungen und der Erfüllung der Aufgaben sind (...) die jeweiligen besonderen sozialen und kulturellen Bedürfnisse und Eigenarten junger Menschen und ihrer Familien zu berücksichtigen." (§ 9 SGB VIII).

Gerade im Bereich der Jugendhilfe und der psychosozialen Versorgung erscheint es als offensichtlich, dass fachlich fundierte Handlungsoptionen notwendig sind, um die Migrationsklientel überhaupt den Bedarfen entsprechend zu erreichen und ihr angemessene Unterstützung bei der Bewältigung ihrer erzieherischen, pädagogischen, gesundheitlichen und psychosozialen Fragestellungen bereit zu halten.

Im Bereich der Jugendhilfe haben wir mit dem SGB VIII ein ziemlich modernes Rahmenwerk, das auf die Erfordernisse von Kindern, Jugendlichen, Eltern und Familien eingeht und gemäß den sich verändernden Anforderungen auch Modifikationen erfahren hat. Implizit wird nun vorausgesetzt, dass sich Migrationseltern bei Inanspruchnahme einer Hilfe zur Erziehung den Spielregeln beispielsweise einer Sozialpädagogische Familienhilfe (SPFH) oder einer Erziehungsberatung unterordnen, ohne hinreichend zu reflektieren, ob die jeweilige Hilfe in ihrer vorhandenen Form tatsächlich als Hilfe wahrgenommen und angenommen werden kann oder eher als bedrohlich und übergriffig oder einfach nur fremd abgelehnt wird. Letztlich ist das eine diskriminierende Haltung gegenüber Migrationsfamilien.

Begriffsbestimmungen

Dieses Buch erscheint unter dem Titel: „Kultur- und migrationssensible Beratung“. Diese Begrifflichkeit erschließt sich den Leserinnen und Lesern möglicherweise nicht unmittelbar, wirkt vielleicht auch etwas umständlich. Aber sie bestimmt bereits eine Kernaussage des Buches. Denn in der psychosozialen Beratungsarbeit mit Migrationsfamilien müssen kulturelle Wirkfaktoren, die die Klienten aus ihrem Herkunftsland mitbringen und die in der Migration durch die Interaktion mit dem Aufnahmeland Veränderungen erfahren, ebenso Berücksichtigung finden wie solche, die durch die Migration als kritisches Lebensereignis, die Aufnahme im Aufnahmeland und langfristige Einflussfaktoren im Generationen übergreifenden Migrationsprozess hervorgerufen werden. Damit wird es notwendig, weitere Begriffe zu klären.

Der Begriff der Kultur ist hier sicher von zentraler Bedeutung, inzwischen ist er „[...]längst aus dem Kontext der Wissenschaft [...] in den Raum des gesellschaftlichen Alltags und der ihn dominierenden Diskurse gewandert. Damit ist jedoch auch die Gefahr der Verflachung und der politischen Instrumentalisierung eines komplexen wissenschaftlichen Konzepts verbunden" (Römhild 2018, S. 17).

In unserem fachlichen Diskurs taucht der Kulturbegriff in vielen Fachausdrücken immer wieder auf: *Kultur*sensible Beratung, Inter*kulturelle* Kompetenz, Trans*kulturelle* Psychotherapie, multi*kulturelle* Praxis, *kulturelle* Identität usw.

Hier ist nicht der Ort, die vielschichtige, teils kontroverse wissenschaftliche Debatte um den Kulturbegriff ausführlicher darzustellen. Wichtig erscheint jedoch festzuhalten, dass im landläufigen Verständnis Kultur als etwas Statisches, klar Abgegrenztes aufgefasst wird: „‚Kultur' bezeichnet demnach ein geteiltes Gefüge (‚System' oder eine ‚Struktur') von Werten, Normen und Deutungsmustern, die sich gegenseitig stützen. In diesem Gefüge gibt es zentrale Einstellungen und Überzeugungen, die den ‚Kern' dieser Kultur konstituieren und die zeitlich relativ konstant sind [...]. In diese Kultur werden die einzelnen Mitglieder einer Gesellschaft hinein sozialisiert und dadurch geprägt. Sie internalisieren in diesem Prozess die Normen und Werte und erwerben darüber einen spezifischen Habitus" (Schiffauer 2002, S. 4).

Die Auseinandersetzung um den Kulturbegriff

Ein knapper und prägnanter Überblick über Kulturkonzepte ist zu finden bei:

Wagner, S. (2017): Förderung bei kulturellen Differenzen. Stuttgart: Kohlhammer, S. 14–38.

Einige Literatur zur Vertiefung des Diskurses zum Kulturbegriff:

Hormel, U.; Jording, J. (2016): Kultur-Nation. In: Mecheril, P. (Hrsg.): Handbuch Migrationspädagogik. Weinheim: Beltz, S. 211–215.

Kapalka, A.(2004): Umgang mit ‚Kultur' in der Beratung. In: Radice von Wogau/Eimmermacher/Lanfranchi: Therapie und Beratung von Migranten. Weinheim: Beltz, S. 31–44.

Mecheril, P. (2010): Beratung interkulturell. In: Nestmann, F.; Engel, F; Sickendiek, U. (Hrsg.): Das Handbuch der Beratung Band 1. Tübingen: dgvt-Verlag, S. 295–304.

Schiffauer, W. (2002): Kulturelle Identitäten. Vortrag im Rahmen der 52. Lindauer Psychotherapiewochen 2002 (www.lptw.de/archiv/vortrag/2002/schiffauer-werner-kulturelle-identitaet-lindauer-psychotherapiewochen2002.pdf).

Schlippe, A. von; El Hachimi, A.; Jürgens, G. (2013): Was ist eigentlich Kultur? In: Multikulturelle systemische Praxis. Carl Auer: Heidelberg, S. 28–36.

Ghaderi, C. (2017): Postmigrantische Gesellschaft: Identität und Kultur im Wandel. In: Graef-Calliess; Schouler-Ocak: Migration und Transkulturalität. Stuttgart: Schattauer, S. 3–20.

Römhild, R. (2018): Kultur. In: Gogolin et al. (Hrsg.): Handbuch Interkulturelle Pädagogik. Bad Heilbrunn: Klinkhardt, S. 17–23.

Die Statik und die scharfe Grenzziehung dieser Vorstellung, die Bezugnahme auf Zugehörigkeiten zu Nationen, Staaten oder Völkern und die implizit immer mitgedachte Abgrenzung von dem Anderen, Fremden bergen die Gefahr in sich, dass dieses Kulturverständnis zu unzulässigen vereinfachten Bewertungen, Ethnisierungen, Reproduktion von Stereotypen und zu Ausgrenzungen führt. „Diese Form von Ethnisierung bedeutet Ab- und Ausgrenzung und bereitet Rassismus den Weg" (Schroer 2018, S. 17). Hamburger beschreibt die politische Funktion dieses Mechanismus folgendermaßen: „[…] Ethnisierung ist also eine moderne Strategie der Interessenartikulation und -durchsetzung, die im Falle der Migration auch und vor allem dazu dient, die Privilegien der Einheimischen gegen die Beteiligungsforderungen der Zugewanderten zu verteidigen" (Hamburger 2012, S. 114).

Demgegenüber wird in der Literatur ein dynamischer und durchlässiger Kulturbegriff postuliert, der Kultur nicht als Struktur, sondern als einen Prozess begreift, in dem sich Systeme in ständigem Austausch miteinander befinden. Dieses Modell geht von folgenden Grundannahmen aus:

- Kulturen sind keine homogenen, widerspruchsfreien Bedeutungssysteme. Es gibt zwar deutliche Unterschiede, aber auch Überschneidungen, also kann es keine eindeutigen Grenzziehungen geben.
- In der Kommunikation zwischen unterschiedlichen kulturellen Systemen wird Kultur nicht nur interpretiert, sondern jeweils auch verändert und interaktiv immer wieder neu ausgehandelt.
- Personen werden durch ihre Gruppenzugehörigkeit und entsprechende Bedeutungsangebote stark beeinflusst, aber nicht festgelegt.
- Individuen positionieren sich in mehreren Kommunikationsgemeinschaften, weil sie immer an verschiedenen Kulturen partizipieren, die nicht ethnisch definiert sein müssen (vgl. Leenen 2008, S. 101ff),
- Die Begrifflichkeit der Interkulturalität oder Transkulturalität muss immer auch die Asymmetrie der Machtverhältnisse zwischen den unterschiedlichen Systemen reflektieren und Faktoren wie Fremdenangst, Rassismus, ungleiche gesellschaftliche Akzeptanz und Partizipation als entscheidende Wirkfaktoren einbeziehen.

Unerlässlicher Bestandteil kompetenten kultursensiblen fachlichen Handelns in der Beratung ist die immer wieder neu vorzunehmende kritische Reflexion der eigenen kulturellen Prägungen und ihrer Auswirkungen auf die Begegnung mit dem Gegenüber.

Das sensibilisiert für Wahrnehmung seiner Werthaltungen, seiner Bedürfnisse und seiner Einbettung in soziale Systeme und gesellschaftliche Rahmenbedingungen.

Multikulturalität – Interkulturalität – Transkulturalität

Der Begriff der Multikulturalität betont besonders die Differenz und Vielfalt im gesellschaftlichen Zusammenleben. Im Sinne der Multikulturalität wird davon ausgegangen, dass es nicht zur Verschmelzung der verschiedenen Kulturen kommt, sondern dass sie nebeneinander bestehen. Er hat eher beschreibenden als analytischen Charakter und ist in der politischen Diskussion der letzten Jahre zu einem wenig hilfreichen Kampfbegriff der politischen Lager geworden.

Davon setzt sich der Begriff der Interkulturalität ab. Darunter versteht man das Aufeinandertreffen von zwei oder mehr Kulturen, bei dem es trotz kultureller Unterschiede zur gegenseitigen Beeinflussung kommt. Interkulturalität beschäftigt sich also mit gemeinsamen Schnittmengen und gegenseitigen Abhängigkeiten verschiedener Systeme und versucht, Handlungsspielräume zur Überwindung von Differenz zu eröffnen.

Transkulturalität grenzt sich von den Begriffen Multi- und Interkulturalität deutlich ab, denen das Verharren im statischen Kulturverständnis vorgehalten wird. Transkulturalität betont die Gemeinsamkeiten von Systemen und geht davon aus, dass Kulturen nicht homogene, klar voneinander abgrenzbare Einheiten sind, sondern – besonders infolge der Globalisierung – zunehmend vernetzt und vermischt werden im Sinne einer Entwicklung zu einer Globalkultur unterschiedlicher Systeme. Der Begriff hat vor allem im Gesundheitsbereich Verbreitung gefunden (z. B. Transkulturelle Psychiatrie).

Im Rahmen dieses Buches wird der Begriff der Interkulturalität den Bedenken zum Trotz beibehalten, weil er im fachlichen und gesellschaftlichen Kontext am weitesten verbreitet ist. Begriffe wie

„interkulturelle Kompetenz" oder „interkulturelle Öffnung der Institutionen" (hierzu an anderer Stelle mehr) sind im fachlichen Diskurs bestens eingeführt und gehen eindeutig von einem weit gefassten, dynamischen Kulturbegriff aus, der mit der statischen, ausgrenzenden und ethnisierenden Vorstellung von Kultur kaum etwas gemein hat (vgl. Schroer 2011, S. 47 f).

Ausländer – Menschen mit Migrationshintergrund – Migrationsfamilien

Seit Deutschland sich als Einwanderungsland definiert und hierfür auch neue gesetzliche Regelungen geschaffen hat, ist der Begriff „Ausländer" zwar weiterhin eine Größe in der Statistik, für den interkulturellen Diskurs aber kaum mehr von Bedeutung. Menschen aus anderen EU-Ländern sind zwar weiter Ausländer, weitestgehend aber Bundesbürgern gleichgestellt. Aus anderen Ländern stammende Menschen und ihre Nachfahren tauchen in der Ausländerstatistik nicht mehr auf, weil sie längst die deutsche Staatsangehörigkeit haben. Der Begriff „Menschen mit Migrationshintergrund" hat in der Jugendhilfe eine starke Bedeutung, z. B. für die statistische Erfassung. Er wird im nächsten Kapitel noch aufgegriffen und im Kontext der veränderten Gesetzgebung in der Bundesrepublik Deutschland näher erläutert. Im Rahmen der Erörterung unterschiedlicher Themen in diesem Buch wäre dieser Begriff formal korrekt, aber umständlich und wenig eingängig und eindeutig zu sperrig. Daher wird in diesem Buch vermehrt der Begriff „Migrationsfamilien" verwendet werden. Ich greife hier einen Begriff von Lanfranchi auf, der mir am eingängigsten erscheint. Zu Migrationsfamilien merkt er an: „Diese Familien haben ihre eigene Geschichte, Sprache und Kultur, welche all ihre Lebensbereiche mehr oder weniger tangieren" (Lanfranchi 2004, S. 15).

Fakten zum Thema Interkulturalität

Zum besseren Verständnis der Migrationsgeschichte der Menschen, die unsere Beratungsstelle aufsuchen, soll die Geschichte der Einwanderung nach Deutschland seit dem Ende des Zweiten Weltkriegs kurz skizziert werden. Es folgt eine Darstellung, welche psychosozialen Versorgungseinrichtungen infolge der Immigrationsgeschichte entstanden sind. Die daraus folgende Bedarfslage der Migrantenklientel stellt die Grundlage für die Entwicklung differenzierter Versorgungssysteme dar.

Kurzer Abriss der Einwanderung nach Deutschland seit 1945

Ausländerpolitik im wirtschaftlich aufstrebenden Nachkriegsdeutschland war zunächst lange und fast ausschließlich Arbeitsmarktpolitik. In der Wirtschaft wurde seit Mitte der 50er-Jahre in der Bundesrepublik ein vergrößerter Bedarf an industriellen Arbeitnehmern verzeichnet, der durch die Binnenmigranten aus der damaligen DDR nur noch unzureichend gedeckt werden konnte. Zudem wurden diese Ressourcen nach dem Mauerbau 1961 weitestgehend unterbrochen. So kam es zu bilateralen Verträgen zwischen der Bundesrepublik Deutschland und verschiedenen anderen Ländern mit dem Ziel, Arbeitnehmer in den jeweiligen Herkunftsländern für eine Berufstätigkeit in der Bundesrepublik anzuwerben; 1955 mit Italien, 1960 mit Spanien und Griechenland, 1961, also im Jahr des Mauerbaus, mit der Türkei, 1963 mit Marokko, 1964 mit Portugal, 1965 mit Tunesien und schließlich 1968 mit dem damaligen Jugoslawien. In sogenannten Anwerbekommissionen wurden körperlich gesunde Menschen ausgesucht, die – dafür sprechen zumindest einige migrationspsychiatrische

Untersuchungen – über viel Risikobereitschaft und gute psychische Stabilität verfügten, so dass nach relativ kurzer Verweildauer (es galt das Rotationsprinzip) keine körperlichen oder psychischen Probleme zu erwarten waren.

Diese ausländischen Arbeitnehmer/innen wurden bezeichnenderweise „Gastarbeiter" genannt, die Begrifflichkeit betont bereits einen wesentlichen Faktor: Gast ist man dann, wenn man absehbar wieder geht. Die Gastarbeiter wurden also als notwendiges Übel betrachtet. Das Rotationsmodell sah vor, dass ausländische Arbeitnehmer für wenige Jahre hier arbeiteten, um dann durch neue Arbeitskräfte aus den Heimatländern ersetzt zu werden. Diese zeitliche Befristung des Aufenthaltes war in dieser Zeit zentrales Merkmal des Gastarbeiterstatus. Die zweite wichtige Konnotation des Begriffes „Gast" wurde den Gastarbeitern meistens vorenthalten: Die Gastfreundschaft des Gastgeberlandes, eine „Willkommenskultur" gab es in aller Regel nicht. Die Arbeitnehmer/innen kamen vorwiegend alleine nach Deutschland. Eine gesellschaftliche Integration war nicht vorgesehen, weil sie nicht als erforderlich erachtet wurde. An Integrationspolitik war daher nicht zu denken, ebenso wenig an politisch definierte Gestaltung der Einwanderung. Die Arbeitsmigrant/innen waren austauschbare Objekte der Arbeitsmarktpolitik, ihre Leistung für den Auf- und Ausbau der wirtschaftlichen Entwicklung wurde nicht gewürdigt. Mögliche Probleme der Arbeitsmigrant/innen wurden ignoriert, Migration wurde nicht als kritisches Lebensereignis wahrgenommen.

1965 wurde das Ausländergesetz verabschiedet, dessen wichtigste Grundfeste wohl die Kernaussage war, dass Deutschland kein Einwanderungsland sei. Noch während der Wirtschaftskrise 1967 schien das politisch gewollte Rotationsmodell recht gut zu funktionieren. In diesem Jahr gab es 400 000 ausländische Remigrant/innen, die in die Heimatländer zurückkehrten – immerhin ca. 25 % der gesamten ausländischen Arbeitnehmerschaft.

Ab 1969 war dann ein massiver Anstieg der Zahlen von Arbeitsmigrant/innen zu verzeichnen, außerdem stellte sich heraus, dass die Verweildauer der Arbeitsmigrant/innen immer länger geworden war. Dies geschah aus dem ökonomischen Interesse der Industrie, die längst erkannt hatte, dass das Rotationsprinzip immer wieder neue Einarbeitungszeit von ungelernten Arbeitskräften bedeuten würde, während die inzwischen angelernten Kräfte sich in den Betrieben Qualifikationen erworben hatten, die sie zum weiteren Verbleib prädestinierten. Dennoch blieb das Rotationsprinzip als Grundvorstellung der Ausländerpolitik bis 1973 gültig.

Zu Beginn der 70er-Jahre ließen in Folge dieser arbeitsmarktpolitischen Veränderung immer mehr ausländische Arbeitnehmer/innen, vor allem aus Italien, Spanien und Griechenland, später auch aus der Türkei, ihre Familien nach Deutschland nachziehen. 1973 z. B. erreichte der Zuzug einen Höhepunkt. In diesem Jahr lebten fast 2,6 Millionen ausländische Arbeitnehmer/innen in der Bundesrepublik, was einen Anteil an der gesamten Erwerbsbevölkerung von 11,9 % ausmachte. Die Wohnbevölkerung von Ausländer/innen betrug an die 4 Millionen Menschen. Die Politik reagierte auf diese Entwicklung mit eiligen Aktivitäten, die einerseits die „soziale Integration“ von ausländischen Arbeitnehmer/innen und deren Familien, auf der anderen Seite aber auch die „Konsolidierung“, d. h. die Senkung der Zahl ausländischer Arbeitnehmer/innen in der Bundesrepublik, zum Ziel hatten. Der Anwerbestopp für ausländische Arbeitnehmer/innen mit Beginn der Ölkrise Ende 1973 brachte eine tiefgreifende ausländerpolitische Wende. Der Familiennachzug – eine im europäischen Vergleich durchaus fortschrittliche Regelung – wurde durch Stichtagsregelung für Familienangehörige, durch Warteerlass für nachziehende Ehegatten usw. reglementiert. Dadurch konnte jedoch die deutliche Zunahme der Verweildauer ausländischer Arbeitnehmer/innen ebenso wenig verhindert werden wie weitere Familienzusammenführungen. Der politische Versuch, den Zuzug von Migrant/innen, auch den Familiennachzug zu erschweren und Rückkehrbereitschaft zu fördern, wurde von politischen Repräsentanten aller Couleur mit Forderungen und Parolen unterstützt, die aus heutiger Sicht als eindeutig xenophob und integrationsfeindlich dem politischen Diskurs widersprächen.

Auch die 1983 eingerichteten finanziellen Hilfen für Remigranten blieben letztlich wirkungslos. Die alte Gastarbeiterideologie war endgültig passé und die Bundesrepublik war immer mehr – allen politischen Widerrufen zum Trotz – ein Einwanderungsland geworden. Dies hatte der erste Ausländerbeauftragte der BRD, Heinz Kühn, bereits 1978 in seinem Memorandum betont, in dem er konstatierte, dass die meisten Arbeitsmigrant/innen dauerhaft in der BRD bleiben würden. Er schlug demzufolge geeignete schulische und berufliche Bildungsmaßnahmen vor und forderte gesellschaftliche und politische Partizipationsmöglichkeiten der Migrant/innen ein.

In der DDR wurden ausländische Arbeitnehmer Vertragsarbeiter genannt. Seit den 1960er-Jahren gab es vertragliche Regelungen u. a. mit Polen und Ungarn, ab 1979/1980 auch mit Mozambique und Vietnam. Im Rahmen der „sozialistischen Bruderhilfe" wurden auch Vertragsarbeiter/innen aus Kuba, Nicaragua und Angola aufgenommen. Auch hier war nicht vorgesehen, ihnen einen dauerhaften Aufenthalt zu ermöglichen, die Aufenthaltsgenehmigungen erstreckten sich über einen Zeitraum von zwei bis sechs Jahren. Eine Integrationsabsicht lag den Anwerbeabkommen der DDR nicht zugrunde, es herrschte auch hier das Rotationsprinzip, Familiennachzug war generell untersagt. Etwa 500.000 Vertragsarbeiter/innen kamen zwischen 1966 und 1989 in die DDR. Ende 1989 lebten 190.000 Ausländer in der DDR, davon waren etwa 94.000 Vertragsarbeiter/innen. Nach der deutschen Vereinigung 1990 wurden die zwischenstaatlichen Verträge zu Vertragsarbeitern aufgelöst, um diese in ihre ursprüngliche Heimat zurückzuschicken. Nur wenige konnten sich einen Aufenthaltsstatus in der BRD sichern.

Nach 1990 trat die politische Diskussion um Zuwanderung und Integration in eine neue Phase. Aber erst 1998, mit einer Veränderung der politischen Machtverhältnisse, bahnte sich nach langen Diskussionen eine Änderung der politischen Bewertung von Zuwanderung an: Das klare Bekenntnis zum Einwanderungsland bedeutete einen Wendepunkt in der Ausländerpolitik und eine – längst überfällige – Anpassung an die realen Entwicklungen. In der Folge wurde das Staatsangehörigkeitsrecht reformiert und die Einbürgerungsbestimmungen wurden erleichtert – das war im Jahr 2000. Die Einbürgerung durch das Geburtsrecht wurde eingeführt, was bedeutet, dass ein im Inland nach dem 1. Januar 2000 geborenes Kind, dessen Eltern beide Ausländer sind, Deutsche/r ist, wenn ein Elternteil zum Zeitpunkt der Geburt seit acht Jahren seinen gewöhnlichen rechtmäßigen Aufenthalt in Deutschland hat und ein unbefristetes Aufenthaltsrecht besitzt. Seit Ende 2014 entfällt auch weitgehend die Optionspflicht, die vorsah, dass die Betroffenen zwischen dem 19. und 23. Lebensjahr eine Entscheidung zwischen der deutschen und der weiteren Staatsangehörigkeit fällen mussten. Sie besteht nicht mehr für Personen, die im Inland aufgewachsen sind. Darunter fallen diejenigen Personen, die sich bis zu ihrem 21. Lebensjahr acht Jahre gewöhnlich im Inland aufgehalten haben, sechs Jahre im Inland eine Schule besucht haben oder über einen im Inland erworbenen Schulabschluss oder eine im Inland abgeschlossene Berufsausbildung verfügen. Als *im Inland aufgewachsen* gilt auch, wer im Einzelfall einen vergleichbar engen Bezug zu Deutschland hat und für den die Optionspflicht nach den Umständen des Falles eine besondere Härte bedeuten würde.

Im Zuwanderungsgesetz von 2004 (genauer: „Gesetz zur Steuerung und Begrenzung der Zuwanderung und zur Regelung des Aufenthalts und der Integration von Unionsbürgern und Ausländern [Zuwanderungsgesetz"]) wurde das Ausländerrecht vollständig novelliert, die Zahl der Aufenthaltstitel auf zwei reduziert: (befristete) Aufenthaltserlaubnis und (unbefristete) Niederlassungserlaubnis.

Auch im Bereich der Asylgesetzgebung gab es Erleichterungen, so die Anerkennung von nichtstaatlicher und geschlechtsspezifischer Verfolgung als Fluchtursachen. Erstmals wurde im Zuwanderungsgesetz auch ein Integrationsanspruch für Neuzuwanderer formuliert.

Überhaupt stellt Integration seit langem eine zentrale Begrifflichkeit im politischen Diskurs um Zuwanderung dar, wobei in der politischen Auseinandersetzung die „Integrationspflichten" der Zuwanderer oft sehr viel stärker hervorgehoben werden als ihre Integrationsansprüche an die Aufnahmegesellschaft und deren Integrationspflichten.

Arbeitsmigration ist eine von verschiedenen Immigrationsformen, die wir erleben. Nur hat sie das gesellschaftliche Leben in der Bundesrepublik lange Zeit am nachhaltigsten geprägt und aufgrund der hohen Zahl von Arbeitsmigrant/innen und ihren Familienangehörigen die Notwendigkeit der Schaffung sozialer, politischer und gesamtgesellschaftlicher Institutionen zur Auseinandersetzung mit ihrer Lage besonders deutlich gemacht.

Die Situation der Spätaussiedler aus den östlichen Nachbarländern, vor allem der früheren Sowjetunion, ist dagegen insofern anders, als sie ein verbrieftes Recht zur Immigration in die BRD besitzen und a priori die deutsche Staatsbürgerschaft für sich in Anspruch nehmen können. Für sie gibt es eigene soziale, pädagogische und sonstige Versorgungsinstitutionen. Zwischen 1991 und 2004 kamen 1,9 Millionen Spätaussiedler in die BRD.

In diesem Zeitraum kamen auch 220.000 jüdische „Kontingent-Flüchtlinge“ aus den Nachfolgestaaten der Sowjetunion nach Deutschland. Viele von ihnen verfügten über überdurchschnittliche Bildungsabschlüsse und ein hohes Bildungsbewusstsein. Zudem wurden sie von den jüdischen Gemeinden aufgenommen und betreut, was für die Einwanderer eine große Unterstützung, für die Gemeinden aber auch eine große Herausforderung darstellte.

Bereits ab den 1980er-Jahren gab es ca. 30.000 Kontingentflüchtlinge, überwiegend aus Vietnam (‚Boat-People‘), aber auch aus Albanien.

Kontingentflüchtlinge durchlaufen kein Asyl- und auch kein sonstiges Anerkennungsverfahren, sondern erhalten mit ihrer Ankunft sofort eine Aufenthaltserlaubnis aus humanitären Gründen. Auch erhalten sie im Gegensatz zu Asylbewerber/innen von Beginn an eine Arbeitserlaubnis.

Auch wenn Fluchtbewegungen mit zunehmender Globalisierung der politischen Beziehungen seit längerem Teil der Immigrationsgeschichte Deutschlands sind, ist mit den in den letzten

Jahren sprunghaft angestiegenen Zahlen von Geflüchteten und Asylsuchenden ein neues Kapitel in der Geschichte der Einwanderung aufgeschlagen worden. Die Herausforderung, Hunderttausenden innerhalb kurzer Zeit Schutz zu gewähren, sie angemessen zu versorgen, ihre Bleibeperspektive zu klären, Traumatisierte zu behandeln und den Menschen schulische, berufliche und gesellschaftliche Integration zu ermöglichen, hat viele Ressourcen freigesetzt, aber auch Ressentiments und Ängste in der Bevölkerung ausgelöst. Heute sind es v. a. Menschen aus Syrien, Afghanistan, Eritrea, Irak und Somalia, die Deutschland erreichen. Früher waren es (in der damaligen BRD) in der Phase des Kalten Krieges Flüchtlinge aus Osteuropa, nach dem Militärputsch in Chile 1973 fanden Geflüchtete Aufnahme sowohl in der BRD als auch in der DDR. Danach gab es immer wieder bedeutsame Fluchtbewegungen aus verschiedenen Teilen der Welt, aus Kriegs- und Bürgerkriegsgebieten.

Im Falle des ehemaligen Jugoslawien wurde deutlich, wie in nächster Nähe sehr plötzlich Kriege und akute politische Krisen Massenfluchtbewegungen auslösen können, die die deutsche Gesellschaft unmittelbar tangieren. Einer der Gründe, dass viele Flüchtlinge aus Ex-Jugoslawien gerade in die BRD kamen, lag natürlich auch darin, dass hier zahlreiche Arbeitsmigrant/innen aus diesen Regionen seit langem lebten, die bereit waren, Verwandte und Landsleute aufzunehmen. So zeigt sich, dass die vorher eher voneinander unabhängigen Migrationsbewegungen mit ihrer jeweils eigenen Geschichte im Zuge der zunehmenden Globalisierung immer stärkere Kohärenzen entwickeln.

Während die klassische Arbeitsmigration im Wesentlichen seit dem Anwerbestopp aus dem Jahr 1979 zumindest offiziell beendet ist, führt die im Rahmen der Europäischen Union inzwischen gültige Freizügigkeit und Niederlassungsfreiheit für alle Bürger/innen der EU teilweise bereits jetzt – wenn auch meist regional begrenzt – zu neuen Formen von Arbeitsimmigration aus den eher ärmeren Randregionen der EU: Einwanderung ohne Arbeitsplatzangebote und ohne reelle Chancen auf dem hiesigen Arbeitsmarkt, ohne Bezug zum Immigrationsland, geprägt von der Flucht vor unzureichenden Lebensbedingungen im Heimatland und von der vagen Hoffnung, es im Aufnahmeland besser zu haben. Die Freizügigkeit im Rahmen der EU, als Zeichen in Richtung europäischer Integration gedacht, schafft zugleich jedoch auch unter den hier lebenden Migrant/innen ein Mehrklassen-System, das sich in den unterschiedlichen Aufenthaltstiteln und politischen Rechten deutlich dokumentiert und auch im Selbstbild massive Auswirkungen auf sie hat.

Kaum eine Migrationsbewegung der letzten Jahrzehnte hat innerhalb kürzester Zeit derartig heftig zu Polarisierungen innerhalb unserer Gesellschaft beigetragen wie die gewaltige Fluchtbewegung seit 2014 über das Mittelmeer und die Balkan-Route in die EU und insbesondere nach Deutschland. Die anfänglich euphorische, inzwischen abgeflaute oder auch realistischere Willkommenskultur steht einer xenophoben und offen feindseligen, gewalttätigen Grundhaltung in Teilen der Bevölkerung gegenüber. Beide konträren Positionen prägen die politische Auseinandersetzung in Deutschland und befeuern die Diskussion um ein neues Einwanderungsgesetz, das die Einwanderung strukturieren, aber auch limitieren könnte. Die große Anzahl Geflüchteter führte auch dazu, dass es eine breite Verteilung über das ganze Land gab, so dass keine Region Deutschlands mehr von der Beschäftigung mit dem Thema Einwanderung unberührt bleibt.

Diversität der Migrationspopulation

Migration ist ein ständiger Prozess, der von geopolitischen Änderungen, Kriegen und gewaltsamen Bürgerkriegen, ökonomischen Krisen und der globalisierten Wirtschaft beeinflusst wird. Diese Erkenntnis, dass das prosperierende Europa in diesen Prozess dauerhaft eingebunden sein wird, wird kaum mehr infrage gestellt.

Allerdings passiert es leicht, dass sich beim Thema Migrationsfamilien rasch Klischeebilder der Arbeitsmigrant/innen der ersten Generation oder der gerade angekommenen Flüchtlingsfamilie in den Vordergrund schieben, während die Geschichte der Migration nach Deutschland inzwischen weit vielfältiger ist: Auch der türkische IT-Unternehmer, der EZB-Banker oder die aus Marokko stammende Grundschullehrerin gehören dazu. Dennoch taucht in Statistiken und in vielen Projekten Migration immer wieder nur als Risikofaktor, fast als Synonym für Defizite (Arbeitslosigkeit, Bildungsferne und Armut) auf, als wäre die Entwicklung der Migration auf der ganzen Linie über Jahrzehnte steckengeblieben. Dadurch entsteht allerdings ein Zerrbild, das der Situation nicht gerecht wird.

Es ist ein Verdienst der sozialwissenschaftlichen SINUS-Studie über Migranten-Milieus in Deutschland aus dem Jahr 2008, dass sie auf der Grundlage von Tiefen-Interviews mit über 2000 Personen eine Beschreibung unterschiedlicher Migranten-Milieus dokumentiert hat, die verdeutlicht, wie vielschichtig und differenziert die oftmals als homogen wahrgenommene Gruppe von Migrant/innen und verschiedenen Migranten-Milieus in Wirklichkeit ist.

Ohne dass die Milieus und ihre Beschreibungen an dieser Stelle ausführlicher diskutieren werden können, kann man die Darstellung der verschiedenen Migranten-Milieus mit ihrer Differenzierung nach sozialer Lage und nach Grundorientierung auf sich wirken lassen.

Die unterschiedlichen Milieus werden hier kurz charakterisiert, wobei zu beachten ist, dass das SINUS-Milieumodell nicht statisch ist und die Grenzen zwischen den Milieus als fließend anzusehen sind.

Eine weitere Kernaussage der SINUS-Studie liegt darin, dass die Migranten-Milieus sich weniger nach ethnischer Herkunft und sozialer Lage unterscheiden als nach Wertvorstellungen, Lebensstilen und ästhetischen Vorlieben. „Menschen des gleichen Milieus mit unterschiedlichem Migrationshintergrund verbindet mehr miteinander als mit dem Rest ihrer Landsleute aus anderen Milieus. Man kann also nicht von der Herkunftskultur auf das Milieu schließen“ (SINUS-Institut 2008, S. 2).

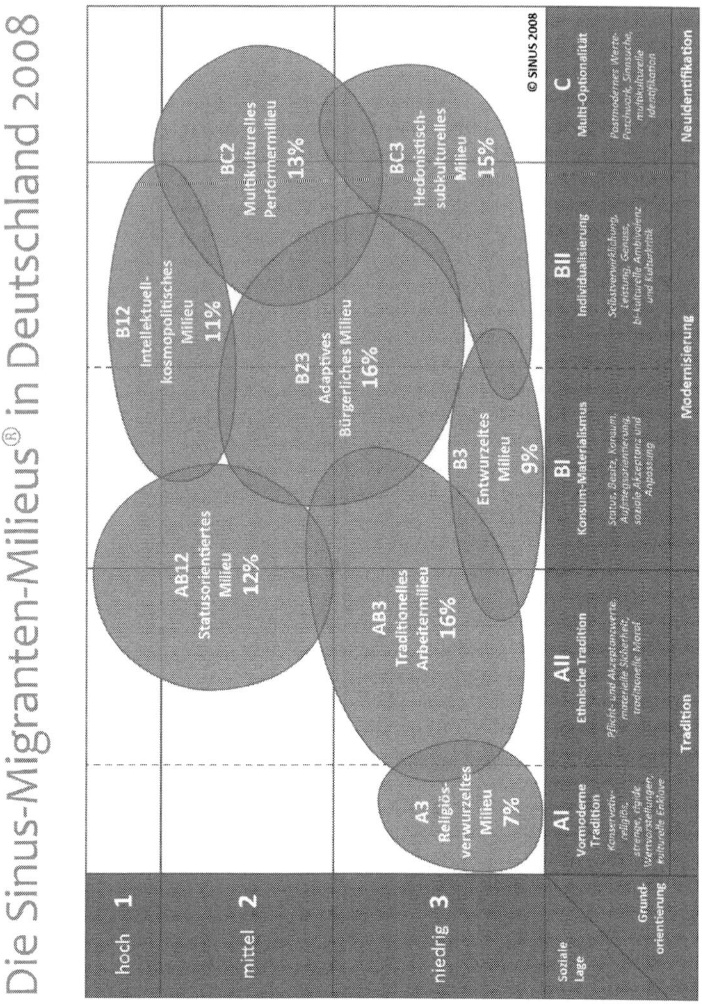

Abb. 1: Migrantenmilieus in Deutschland 2008. Quelle: SINUS-Institut 2008.

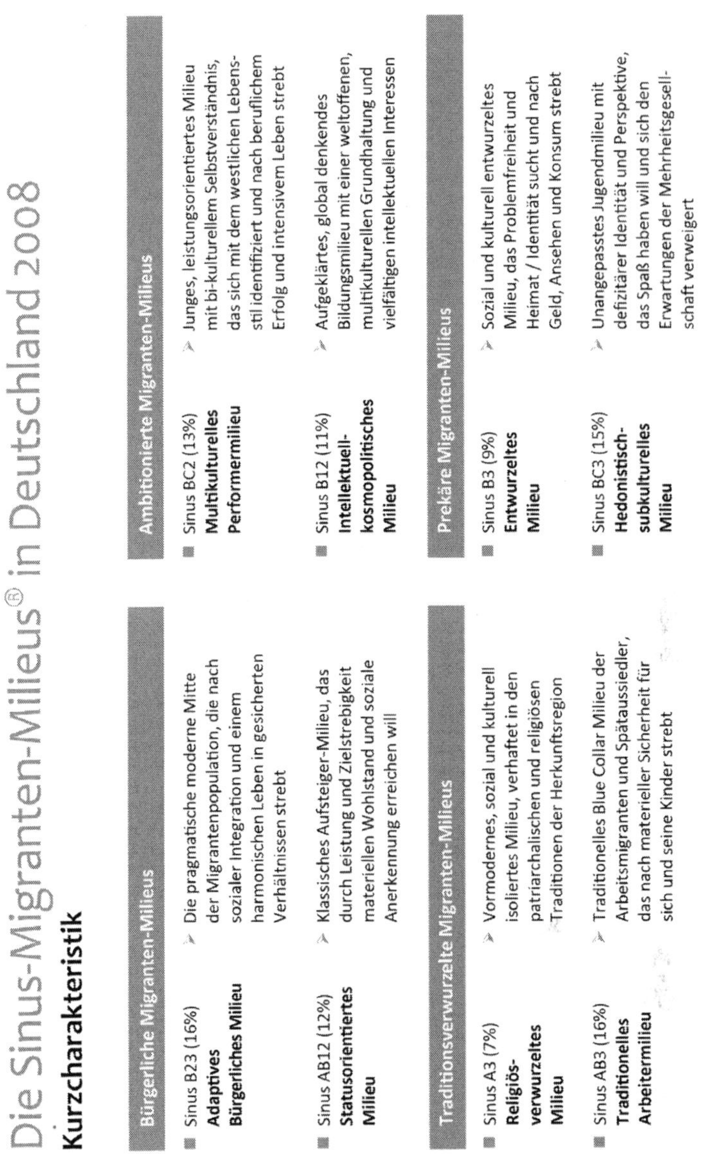

Abb. 2: Kurzcharakteristik der Milieus. Quelle: SINUS-Institut 2008.

Diese Aussage verdeutlicht noch einmal, wie wichtig in der Praxis der Blick auf die individuelle Situation der Menschen ist und umgekehrt, wie irreführend eine ethnisierend-kulturalistische Betrachtungsweise sein kann. Genauso wenig, wie es *die* deutsche Familie gibt, gibt es *die* türkische, russische oder syrische Familie.

Zwischen 2016 und 2018 findet eine Neu-Auflage der SINUS-Studie zu Migranten-Lebenswelten statt. Erste Zwischenergebnisse bestätigen die Diversität der Migranten-Milieus, weisen aber auch neue Tendenzen auf: Die modernen Milieus der Migrantenpopulation entwickeln zunehmend eine „post-migrantische" oder „post-integrative" Perspektive und nähern sich in ihren Einstellungen der autochthonen (alteingesessenen) Bevölkerung immer mehr an. Es gibt aber eine gegenläufige Tendenz in den traditionell geprägten Migranten-Milieus. Sie entfernen sich eher von den vorherrschenden Wertevorstellungen der Mehrheitsgesellschaft, wobei sich offenbar traditionelle Grundorientierungen auch in die gehobenen sozialen Lagen ausweiten.

Praxistest

Es lohnt sich, einmal den Versuch zu unternehmen, Migrationsfamilien, die man in der Beratung getroffen hat, unter dem Aspekt zu betrachten, welchem Migrantenmilieu sie am ehesten angehören könnten. Bei dieser Übung geht es aber nicht darum, die Klientel zu kategorisieren, sondern vielmehr darum, für die eigene Beratung zu eruieren, welche Fragestellungen dazu geeignet sind, mehr über die Milieubedingungen der Migrationsfamilien zu erfahren, was für die weitere Planung der Beratung durchaus hilfreich sein kann.

Neben der Diversität der Migranten-Milieus muss immer wieder der Prozesscharakter der Migration hervorgehoben und berücksichtigt werden. Selbstverständlich haben gerade erst in Deutschland angekommene Arbeitsmigranten oder Flüchtlinge völlig andere Probleme zu bearbeiten und Fragen zu klären als Migrationsfamilien der zweiten und dritten Einwanderergeneration.

Eine Orientierungshilfe kann dabei eine Beschreibung der unterschiedlichen Phasen der Migration sein, auch wenn ein Phasenmodell immer wieder dazu verleiten kann, Biografien in Schemata zu zwängen, die mehr etikettieren als beschreiben. Man muss sich also der Tatsache bewusst sein, dass die Migrationsphasen nicht klar abgrenzbar nebeneinander stehen, sondern ineinander übergehen oder auch Sprünge zwischen unterschiedlichen Phasen möglich sind. Slutzki (z. B. 1998) hat fünf Phasen der Migration beschrieben: Vorbereitung der Migration, der Migrationsakt selber, Phase der Überkompensierung, Phase der Dekompensation und die Phase der generationsübergreifenden Anpassungsprozesse. Borde und Blümel (2015) haben das Modell von Sluzki nochmals prägnant zusammengefasst. Andere Autor/innen (z. B. Lanfranchi 2004) haben das Phasenmodell modifiziert und den ‚Zuschnitt' der Phasen anders gewichtet.

1. Vorbereitung der Migration und der Migrationsakt selber

Die Protagonisten selber und/oder ihre Familien treten in einen Prozess der Entscheidungsfindung über die Auszuwanderung ein. Sie überdenken das Für und Wider, stellen eine Gewinn-Verlust-Rechnung auf. Es wird geklärt, ob ein „Probelauf" (z. B. Saisonarbeitsplatz) oder definitives Auswandern ansteht, die rechtlichen Möglichkeiten der Einwanderung in ein anderes Land werden abgewogen. Veränderungen in familiären, sozialen und beruflichen Rollen und Lebensplanung werden überdacht.

Bei Menschen, die sich auf die Flucht vor Krieg, Gewalt, Unterdrückung und existenzbedrohende Armut begeben, gibt es oft kaum Planungsmöglichkeiten. Bei ihnen ist der Migrationsakt selber auch von erheblicher Dauer und mit hohen Risiken, Extrembelastungen und Existenzgefährdungen verbunden. Der Migrationsprozess geflüchteter Menschen ist angesichts der administrativen Besonderheiten bei der Aufnahme von Flüchtlingen und im Asylverfahren ganz anderen Rahmenbedingungen unterworfen. Berry hat aufgrund dessen ein spezifisches Modell von Fluchtphasen entwickelt (vgl. Hargasser 2014, S. 20–23).

Bei Migrant/innen innerhalb der EU dagegen ist der Wohnortwechsel als solcher eher unproblematisch.

2. Ankommen und erste Schritte im Aufnahmeland
Die Bandbreite der Emotionen in dieser Phase ist sehr breit: von Euphorie über das Gelingen der Migration über Verwirrung angesichts vieler neuer Eindrücke bis hin zu Trauer, Angst und Schock-Gefühlen, weil die Lebensbedingungen im Aufnahmeland womöglich den Erwartungen der ersten Phase gar nicht entsprechen. Aufgrund von Irritationen und Fremdheitsgefühlen gewinnt die Suche nach Unterstützungssystemen und Angehörigen derselben Herkunftsgruppe an Bedeutung. Heimweh, Abwehr des Neuen und Idealisierung der Heimat sind deutliche Anzeichen der noch nicht bewältigten Fremdheit in der neuen Umgebung. Aber auch starke Anpassungsbemühungen, eventuell verbunden mit Verleugnung von aktuellen Konflikten, können als Bewältigungsversuche für die Überwindung von Fremdheit ergriffen werden.

3. Konsolidierungsbemühungen, Dekompensation plus Phase der Aufarbeitung
In dieser Entwicklungsphase besteht eine hohe Anfälligkeit für Konflikte und Krisen. Erwachsene, Kinder, Jugendliche und Familien müssen sich mit Veränderungen in ihrem Rollenverständnis, mit anderen Wertevorstellungen und Lebensplanungen auseinandersetzen. In diesem komplexen Geschehen sind Konflikte und Krisen unvermeidlich, schlüssige Bewältigungsstrategien stehen nicht zur Verfügung, sie müssen erarbeitet und erprobt werden.

4. Phase der Flexibilisierung und Reorganisation
Die Rahmenbedingungen der neuen Umgebung und „Kultur“ werden deutlich wahrgenommen, eine realistische Sichtweise beider Lebenswelten ermöglicht es, überlieferte Sinnzusammenhänge und Lebenslaufmuster, die in der Migration nicht mehr zur Orientierung taugen, umzuarbeiten und eine Synthese mit neuen Kulturelementen aufzunehmen. Misslingt dieser Schritt der Synthese, kann es eventuell zu einem Rückzug in eine ethnische Minorität kommen.

5. Anschluss und Integration
In dieser Phase generationsübergreifender Anpassungsprozesse können Elemente der Herkunftskultur und der Aufnahmekultur immer mehr miteinander verschmelzen und zu einem neuen „hybriden“ selbstwirksamen Selbstverständnis der betreffenden Menschen führen. Je besser dieser Prozess gelingt, desto prägender und fruchtbarer wirkt er sich auch auf die gesellschaftlichen Entwicklungsprozesse der Aufnahmegesellschaft aus.

Es sei nochmals betont, dass das kritische Lebensereignis Migration individuell sehr unterschiedliche Prozesse in Gang setzt. Das Phasenmodell dient in der Beratungspraxis eher als Orientierung, welche Fragestellungen in der Rat suchenden Migrationsfamilie als Hintergrund der aktuellen Vorstellungsthematik gerade bedeutsam sind. Slutzki (ebd. S. 103) versucht dabei, die je nach Migrationsphase unterschiedlichen Belastungssituationen anhand von Stressbewältigungskurven zu beschreiben und daraus unterschiedliche Interventionspunkte zu erschließen, die jeweils unterschiedliche Beratungsstrategien erforderlich machten.

Als besonders problematisch kann eine familieninterne Verschiebung der Migrationsphasen gelten, ein Ungleichgewicht, das durch zeitlich versetzte Einwanderung entsteht, vor allem bei Heiratsmigration. Wenn beispielsweise ein Familienmitglied hierzulande aufgewachsen ist und sozialisiert wurde und der/die Ehepartner/in gerade erst eingewandert ist, stellt sich die Frage, wie der Erfahrungsvorsprung genützt, wie die Nachkommenden in die neue Umgebung eingeführt werden. Die Familienmitglieder gehören höchst unterschiedlichen Entwicklungsphasen der Migration an, was eine große Belastung darstellen kann. Die Gefahr besteht, dass das „schwächste Glied“ (die neu eingewanderte Person) den Familienalltag bestimmt (z. B. die Sprache der Familie) und damit quasi eine „Regression“ der anderen Familienmitglieder auf eine frühere Phase der Migration stattfindet.

Zahlen zu Ausländern und Menschen mit Migrationshintergrund

Vor dem Blick auf die Zahlen bedarf es einiger definitorischer Klärungen zur deutlichen Abgrenzung der Begrifflichkeiten. Das Statistische Bundesamt definiert:

Bevölkerung: Zur Bevölkerung gehören alle Personen einschließlich der Ausländerinnen und Ausländer, die nach den Melderechtsbestimmungen gemeldet sind bzw. gemeldet sein sollten. Personen, die mehrere Wohnungen in Deutschland haben, zählen zur Bevölkerung am Ort der alleinigen bzw. Hauptwohnung.

Ausländische Bevölkerung: Dazu zählen alle Personen, die nicht Deutsche im Sinne des Art. 116 Abs. 1 GG sind, d.h. nicht die deutsche Staatsangehörigkeit besitzen. Zu ihnen gehören auch die Staatenlosen und die Personen mit ungeklärter Staatsangehörigkeit. Deutsche, die zugleich eine fremde Staatsangehörigkeit besitzen, gehören nicht zu den Ausländerinnen und Ausländern. Die Mitglieder der Stationierungsstreitkräfte sowie der ausländischen diplomatischen und konsularischen Vertretungen unterliegen mit ihren Familienangehörigen nicht den Bestimmungen des Ausländergesetzes oder des Zensusgesetzes 2011. Sie werden somit auch statistisch nicht erfasst. Asylsuchende Ausländerinnen und Ausländer, die Schutz als politisch Verfolgte nach Art. 16 Abs. 2 Satz 2 GG beantragt haben und über deren Antrag noch nicht rechtskräftig entschieden ist.

Migrationshintergrund: Bei Personen mit Migrationshintergrund handelt es sich um Personen, die nach 1949 auf das heutige Gebiet der Bundesrepublik Deutschland zugezogen sind, sowie alle in Deutschland geborenen Ausländerinnen und Ausländer und alle in Deutschland als Deutsche Geborene mit zumindest einem Elternteil, der zugezogen ist oder der als Ausländerin bzw. Ausländer in Deutschland geboren wurde.

Asylsuchende: Ausländerinnen und Ausländer, die Schutz als politisch Verfolgte nach Art. 16 Abs. 2 Satz 2 GG beantragt haben und über deren Antrag noch nicht rechtskräftig entschieden ist.

Nach dem Mikrozensus lebten 2016 knapp 9 Millionen Ausländerinnen und Ausländer in Deutschland, also knapp 11 % der Gesamtbevölkerung der BRD. Menschen mit Migrationshintergrund stellten mit über 18,5 Millionen einen Anteil von mehr als 22,5 % der Gesamtbevölkerung dar, fast 69 % von ihnen mit eigener Migrationserfahrung.

Von den knapp 16 Millionen Menschen unter 21 Jahren in der BRD hatten knapp 5,5 Millionen einen Migrationshintergrund, das sind 34,4 %. Von ihnen hatten aber nur 21,7 % eigene Migrationserfahrung, 78,3 % dagegen nicht. Bei den unter 18-Jährigen hatten sogar 35,4 % der Gesamtheit einen Migrationshintergrund.

Die Definition des Migrationshintergrundes orientiert sich in der Jugendhilfestatistik weitgehend an der des Statistischen Bundesamtes. Einen Migrationshintergrund hat ein Kind dann, wenn mindestens ein Elternteil ein ausländisches Herkunftsland hat. Die aktuelle Staatsangehörigkeit der Eltern spielt dabei keine Rolle. Leben die Eltern nicht mehr zusammen (Trennung, Scheidung, Verwitwung), ist nur die Situation des Elternteils zu berücksichtigen, bei dem der junge Mensch lebt.

Es gilt zu beachten, dass die Definition des Migrationshintergrundes im Umkehrschluss aber auch bedeutet, dass das Konstrukt endlich ist, wenn die oben genannten Kriterien nicht mehr erfüllt sind: Sind beide Eltern bereits als Deutsche in Deutschland geboren, haben die Kinder keinen Migrationshintergrund, unabhängig von fremd klingenden Namen, Sprachkenntnissen, Werthaltungen und anderen Integrationsindikatoren. Der aus Gründen der Datenerhebung eingeführte Begriff des Migrationshintergrundes kann hier eine Eigendynamik entwickeln, die die Frage des gesellschaftlichen Umgehens mit Fremdheit und kultureller Öffnung berührt. Denn in der Gesellschaft wird der Migrationshintergrund viel mehr über Aussehen, Art der Kleidung,

Vor- und Nachnamen, Religionszugehörigkeit usw. definiert. Der Migrationshintergrund tritt quasi in den Vordergrund, meist im diskriminierenden Sinne.

Die Arbeitsstelle Kinder- und Jugendhilfestatistik (AKJStat) bietet seit einigen Jahren regelmäßig einen Monitor zu den Hilfen zur Erziehung in Deutschland. Der Monitor 2018 (Datenbasis Ende 2016) dokumentiert wie in den Jahren zuvor, dass Menschen mit Migrationshintergrund in der Erziehungsberatung nicht angemessen Berücksichtigung finden. Kinder und Jugendliche mit Migrationshintergrund sind in den von den Jugendämtern organisierten Hilfen zur Erziehung deutlich überrepräsentiert (44 % gegenüber 32 % in der Bevölkerung), während sie in der Erziehungsberatung mit 25 % deutlich unterrepräsentiert sind. Die folgende Tabelle dokumentiert die Situation für alle Hilfen zur Erziehung. Dabei ist zu berücksichtigen, dass die in der Statistik erfasste Kategorie „nicht deutsche Sprache in der Familie" in der Praxis wenig Aussagekraft hat, da in den meisten Migrationsfamilien sprachliche Mischformen praktiziert werden, die zudem in einem beständigen Wandlungsprozess sind.

Die Zahlen sind für die Erziehungsberatung über die letzten Jahre ziemlich stabil, der Anteil der Kinder und Jugendlichen mit Migrationshintergrund stieg seit 2011 um 1,9 Prozentpunkte von 23,2 % auf 25,1 %. Demgegenüber ist er bei den Hilfen zur Erziehung insgesamt von 30,6 % auf 44,6 % gestiegen. (immerhin 14 Prozentpunkte mehr).

Das zeigt deutlich, dass in der Erziehungsberatung weiterhin ein deutlicher Nachholbedarf besteht, will man Klientel mit Migrationshintergrund angemessen versorgen. Die Daten lassen aber auch die Interpretation zu, dass bei Klientel mit Migrationshintergrund deutlich häufiger stark interventionistische und kostenintensive Jugendhilfemaßnahmen durchgeführt werden. Das könnte auch bedeuten, dass bei Migrationsklientel häufiger der Unterstützungsbedarf zu spät erkannt und Jugendhilfemaßnahmen zu spät begonnen und dadurch teurer werden. Das enthebt die Erziehungsberatungsstellen aber keineswegs der Aufgabe,

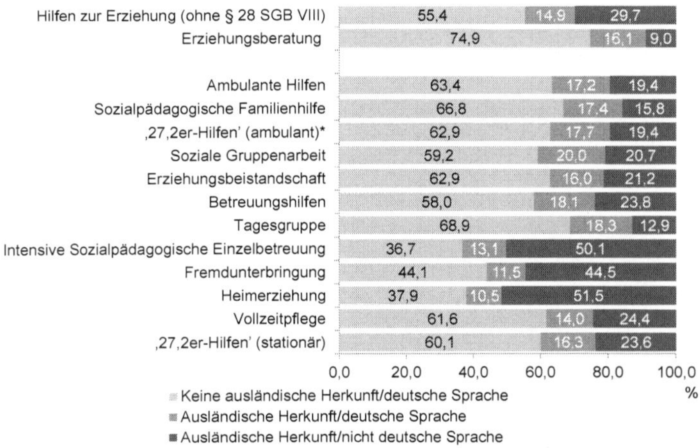

Abb. 3: Hilfen zur Erziehung (einschl. der Hilfen für junge Volljährige) nach der Herkunft der Eltern und Hilfearten (Deutschland; 2016; begonnene Hilfen; Anteil in %) Quelle: akj-Stat: Monitor Hilfen zur Erziehung 2018, S. 23

sich um eine verbesserte Versorgung von Migrationsklientel zu kümmern.

Allerdings gibt es sehr starke regionale Unterschiede. In vielen Großstädten mit einem deutlich höheren Anteil an Migrationsbevölkerung sind die Beratungsstellen inzwischen besser auf diese Klientel eingestellt und können mit annähernd angemessenen Versorgungsgraden aufwarten.

Die Grafik des Statistischen Bundesamts (Abb. 4, S. 36) mit Daten aus dem Jahr 2016 zeigt die Alterspyramide aufgeteilt in Menschen mit und ohne Migrationshintergrund. Dabei wird bei Menschen mit Migrationshintergrund noch einmal differenziert, inwieweit eigene Migrationserfahrungen vorliegen oder nicht.

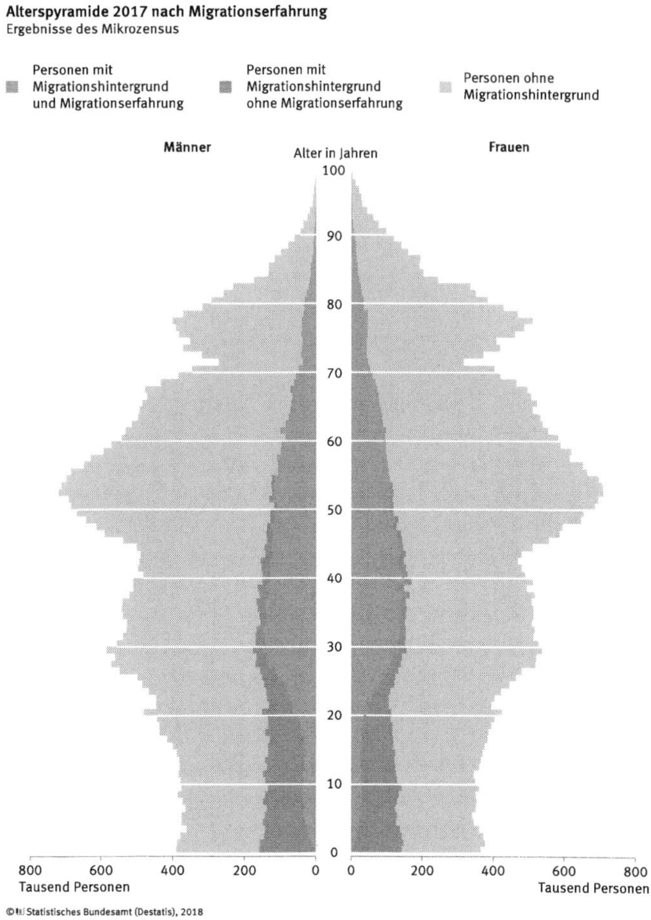

Abb. 4: Alterspyramide 2017 nach Migrationserfahrung. Quelle: Statistisches Bundesamt (Destatis) 2017.

In der Gruppe der unter 20-Jährigen sieht man eindeutig, dass eigene Migrationserfahrungen umso seltener vorliegen, je jünger die Personen sind. Anzunehmen ist, dass in der Erziehungsberatung überwiegend Kinder und Jugendliche mit Migrationshintergrund, aber ohne eigene Migrationserfahrung vorgestellt werden. Denn für diese Gruppe steht zu erwarten, dass sie und deren Eltern zu einer Verständigung in deutscher Sprache am ehesten in der Lage sind.

Ein kurzer Blick auf die Daten nach Deutschland geflüchteter Menschen zeigt, dass hier eine große Population (2016) neu in unser Land gekommen ist, von der sehr viele über längere Zeit oder auch dauerhaft hier bleiben werden. Im Jahr 2016 stellten über 722.000 Menschen einen Erstantrag auf Asyl, 36 % von ihnen waren unter 18 Jahren. Im Jahr 2017 sank die Zahl der Asylerstanträge erheblich auf gut 198.000. Dabei lag der Anteil der Kinder und Jugendlichen unter 18 Jahren aber bei 45 %, über 26 % der Gesamtpopulation allein in der Altersgruppe unter sechs Jahren. Aufgrund dieser Zahlen ist ein erheblicher Jugendhilfebedarf in der Population von Geflüchteten absehbar.

Zahlen zu Asyl und Flucht

Die Zahlen zu Asyl und Flucht unterliegen raschen und zum Teil erheblichen Veränderungen. Sie können – teilweise monatlich aktualisiert – an verschiedenen Stellen eingesehen werden:

www.bamf.de/DE/Infothek/Aktuelles/aktuelles-node.html

www.proasyl.de/thema/fakten-zahlen-argumente/

https://www-genesis.destatis.de/genesis/online/link/tabellen/12521-01*

Psychosoziale Versorgungseinrichtungen für Migrant/innen

Solange ausländische Arbeitnehmer/innen „Gastarbeiter“ waren, war eine gesellschaftliche Integration für sie nicht vorgesehen. Physische, psychische und soziale Belastungen und daraus resultierende Probleme der Arbeitsmigrant/innen wurden weitgehend ignoriert. Es bildeten sich daher lediglich die Sozialberatungsdienste, die – bei den großen Wohlfahrtsverbänden angesiedelt – den ausländischen Arbeitnehmern bei ihren sozialen Belangen Unterstützung boten.

Erst mit zunehmender Verweildauer der ausländischen Arbeitnehmer und mit vermehrtem Nachzug von Familienangehörigen, d. h. mit der definitiven Abkehr vom Rotationsprinzip, wurde überhaupt in größerem Umfang die Notwendigkeit einer psychosozialen Beratung und Betreuung der Migrant/innen erkannt. Dass mit der längeren, zeitlich aber schlecht eingrenzbaren Aufenthaltsdauer für ausländische Arbeitnehmer die Stressoren zunehmen oder an Gewicht gewinnen würden, die zu psychischen Krisen, psychosomatischen Störungen oder psychiatrischen Auffälligkeiten führen könnten, spielte hier ebenso eine Rolle wie das erhebliche Konfliktpotenzial, das im Zuge der Familienzusammenführung entstehen kann und sich in Kulturkonflikten, Familienkrisen, Erziehungsprobleme der Eltern und Verhaltensauffälligkeiten bei Kindern und Jugendlichen äußerte.

Erste Initiativen in Richtung psychosozialer Beratungsdienste gehen bis ins Jahr 1973 zurück. Zwischen 1976 und 1978 konstituierten sich in verschiedenen Städten psychologische Dienste für Ausländer und Erziehungsberatungsstellen, die überwiegend oder ausschließlich mit Migrant/innen in der Heimatsprache arbeiteten.

In der Folgezeit entwickelten sich ausländer- oder auch nationalitätenspezifische, muttersprachliche Beratungsdienste, seltener noch interkulturelle Einrichtungen für deutsche und ausländische Klientel mit heimatsprachlichen Anteilen und Betonung der Kooperation ausländischer und deutscher Mitarbeiter/innen.

Erst nach und nach entstand die Diskussion um die Öffnung der deutschen Regeldienste für Migrationsklientel. Vereinzelt wurden beispielsweise Fachkräfte mit migrantischen Wurzeln in Erziehungsberatungsstellen eingestellt, zumeist mit der – heute ziemlich abwegig erscheinenden – Vorstellung, diese könnten innerhalb der Beratungsstelle die Versorgung von Migrant/innen jedweder Couleur übernehmen.

Die wichtigsten Merkmale interkultureller Öffnung

Penka trägt folgende Aspekte bezogen auf psychosoziale Einrichtungen zusammen:

- Verankerung der interkulturellen Öffnung/interkulturellen Kompetenz in Konzeption bzw. Leitbild
- Berücksichtigung von Bewerbenden mit Migrationshintergrund in Stellenangeboten bzw. -besetzung
- Mitarbeitende mit Migrationshintergrund
- Inanspruchnehmende mit Migrationshintergrund
- auf Menschen mit Migrationshintergrund ausgerichtete Nachsorgekonzepte
- Angebote für Menschen mit Migrationshintergrund in der Einrichtungspraxis
- auf Menschen mit Migrationshintergrund ausgerichtete Angebots- und Ausstattungsmerkmale
- sprachliche Verständigung
- Fortbildungen, interkulturelle Kompetenz und interkulturelle Teamarbeit
- Berücksichtigung von Menschen mit Migrationshintergrund in der Bedarfserhebung und -planung
- auf Menschen mit Migrationshintergrund ausgerichtete Informationsmaterialien und -wege
- Enpowerment/Partizipation
- Kooperation mit migrantenspezifischen Einrichtungen
- Interkulturelle Öffnung als Leitungsaufgabe.

(Penka 2017, S. 124)

Die Überzeugung, dass die interkulturelle Öffnung eine Grundsatzentscheidung von Trägern, Teams und Mitarbeiterschaft von Erziehungsberatungsstellen und anderen psychosozialen Diensten und von Psychotherapie sein muss, setzte sich in der Fachwelt nur sehr langsam durch. Dies geschah vielleicht am ehesten auf der Ebene der Beratungsstellen selbst, wo man – auch ungeplant – immer häufiger mit der Präsenz von Migrationsklientel konfrontiert war und auch erkennen konnte, dass man fachlich, strukturell und personell zumeist unzureichend für diese Herausforderung aufgestellt war.

Auch wenn die Fachverbände, auch die Bundeskonferenz für Erziehungsberatung e.V. (bke), sich zunehmend mehr um diese Thematik kümmerten, bleibt festzustellen, dass die Resonanz bei Trägern und auch bei Mitarbeiter/innen der Beratungsstellen lange Zeit sehr verhalten blieb und sich oftmals darauf beschränkte, sich schnell einiges Wissen über „die" Migrant/innen anzueignen. Dass psychosoziale Arbeit mit Migrationsfamilien nicht nur weitgehende strukturelle und personelle Veränderungen erfordert, sondern auch eine sehr individuelle Auseinandersetzung z. B. mit eigenen Wertvorstellungen, Umgehen mit Fremdheit und Veränderungen in der Definition von Nähe und Distanz, setzte sich als Erkenntnis auf breiter Linie erst in den letzten Jahren durch. Die Fluchtbewegung und in der Folge die Verteilung geflüchteter Familien und der zum Teil minderjährigen Einzelpersonen über ganz Deutschland hinweg haben ganz erheblich dazu beigetragen, dass sich niemand mehr der Migrationsthematik entziehen kann.

Auch nach Jahrzehnten Erfahrung mit Immigration scheint es weiterhin notwendig zu sein, die interkulturelle Öffnung der Regeldienste, also auch der Erziehungsberatungsstellen, flächendeckend einzufordern. Was in vielen Metropolen mit hohem Anteil von Migrationsbevölkerung mittlerweile ziemlich selbstverständlich ist, gilt bei weitem noch nicht für die Beratungsstellen im ganzen Land. Wie die Bedarfe in den einzelnen Städten und Kreisen definiert werden, muss jeweils vor Ort im Zusammenwirken der öffentlichen Jugendhilfe mit den Trägern der Jugendhilfemaßnahmen entschieden werden. Aber im Sinne einer bedarfsgerechten Versorgung von Kindern, Jugendlichen und Familien mit angemessenen Jugendhilfemaßnahmen kann das Thema Migration nicht ignoriert werden, sondern ist unstrittig von herausragender Bedeutung.

Häufige Problemkonstellationen und Fragestellungen aber auch Ressourcen

Vorauszuschicken ist, dass Migration ein sehr virulenter, sich ständig wandelnder gesellschaftlicher Prozess ist. Diese Tatsache macht es erforderlich, sich ständig neu auf die aktuellen Gegebenheiten und die aktuell in der Beratung befindliche Familie einzustellen, ohne sie durch zuvor erworbenes Wissen über Kulturen, Religionen und Nationalitäten und früher gemachte Beratungserfahrungen in einen Bewertungsrahmen zu zwängen, der ihr möglicherweise nicht gerecht wird. Auch die Auseinandersetzung mit eigenen Vorurteilen gegenüber bestimmten Bevölkerungsgruppen ist von besonderer Bedeutung, um sich selbst vor Zuschreibungen, falschen Situationsbewertungen und vorschnellen Urteilen zu bewahren.

Behörden, Ämter, fremde Institutionen – Beratungsstellen gehören dazu

Fremdheit im Behördendschungel, Unkenntnis institutioneller Strukturen und Unverständnis für bürokratische Anforderungen, Angst vor negativen Behördenentscheidungen in existenziellen Fragen (z. B. der Aufenthalts- oder Arbeitserlaubnis oder auch der Schule) und vor Willkür prägen die Einstellungen vieler Migrationsfamilien zu Ämtern und Behörden. Schilderungen von Diskriminierung, Rassismus, Abweisung und Behördenwillkür finden in der jeweiligen Community oft schnelle Verbreitung. Sie beruhen leider oft genug auf bitterer Erfahrung, denn die interkulturelle Öffnung der öffentlichen Institutionen und interkulturelle Kompetenz ihrer Mitarbeiter/innen sind lange noch nicht Standard in Behörden. Sie können sich aber auch aufgrund von Nicht-Verstehen, eigenen Ängsten und Vorbehalten der Ratsuchenden zu Stereotypen und Vorurteilen entwickelt haben, die als innere Wahrheiten weitergetragen werden und nach der Verbreitung kaum mehr auf ihren Realitätsgehalt überprüft werden können. Zudem spielen oft Erfahrungen mit Behördenwillkür in den Heimatländern eine gewichtige Rolle bei der Zurückhaltung und negativen Einstellung gegenüber Ämtern und Institutionen hier.

Aus diesem Kontext heraus ist leicht nachvollziehbar, dass unbekannte Institutionen und ihre Angebote eher mit Misstrauen oder Ablehnung betrachtet werden. Und dann beansprucht eine Institution auch noch, Beratung und Unterstützung in Fragen der Familie und der Erziehung anbieten zu können – in den Augen vieler Menschen aus Migrationsfamilien ein Tabubruch. Denn Beratung und Unterstützung in Fragen der Erziehung findet in vielen Heimatländern im Rahmen der Großfamilie statt, vor allem, weil – besonders in eher kollektivistisch organisierten Kulturen – Erziehung nicht nur Sache der Eltern ist, sondern auch der familiären und vertrauten sozialen Gemeinschaft, nicht aber der breiten Öffentlichkeit. Das kann Unterstützung und Einschränkung bedeuten, Fixierung auf tradierte, manchmal auch überkommene Erziehungsvorstellungen und Werthaltungen, aber eben auch Weitergabe von Kenntnissen, Stärkung der Elternposition und soziale Sicherheit.

Daher kostet es viele Migrationsfamilien, auch wenn sie längst in anderen gesellschaftlichen Kontexten leben, viel Überwindung, erzieherische Probleme, familiäre Konflikte oder Auffälligkeiten der Kinder und Jugendlichen Außenstehenden preiszugeben und sich bei ihnen Rat einzuholen. Auch die Angst, dass das Suchen professioneller Hilfe in der eigenen Community publik werden und einen Ansehensverlust mit sich bringen könnte, stellt eine Hemmnis dar, eine Beratungsstelle aufzusuchen, gerade auch, wenn die muttersprachliche Gemeinschaft überschaubar ist und „jeder jeden kennt". Besonders zu beachten ist diese Befürchtung, wenn Sprachmittler zum Einsatz kommen.

Das Prinzip der Freiwilligkeit bekommt unter diesen Voraussetzungen oft eine zweischneidige Qualität: Wie freiwillig kommen Eltern in die Beratungsstelle, wenn Druck seitens der Schule, der Kindertagesstätte oder des Jugendamtes aufgebaut wurde und nur dadurch der Besuch der unbekannten, daher auch mit Misstrauen belegten Institution Erziehungsberatung möglicherweise unumgänglich wird? Dabei ist das Jugendamt als Behörde, die in bestimmten Fällen auch die Aufgabe hat zu intervenieren und ihren staatlichen Schutzauftrag zu erfüllen, mit besonderen Ängsten belegt: Der Ruf der Behörde, ‚die einem die Kinder wegnimmt', eilt dem Jugendamt gerade in Migrationsfamilien voraus, ein Phänomen, das allerdings auch aus Familien ohne Migrationshintergrund, aber in prekären Lebensverhältnissen bekannt ist. Beratung und Unterstützung, zentrale Funktionen, die das Jugendamt natürlich auch hat, treten in der Wahrnehmung dieser Familien in den Hintergrund.

Oft melden sich Migrationsfamilien mit erheblicher zeitlicher Verzögerung an, weil der – oft ja auch notwendige – äußere Druck noch nicht stark genug ist. Auch aktuelle Krisensituationen veranlassen die Betroffenen eher, Widerstände zu überwinden und spontan den Kontakt mit der Beratungsstelle aufzunehmen.

Diese Ausgangslage sollte unmittelbare Folgen für die Praxis der Beratungsstellen haben: Sind sie in der Lage, am Kulminationspunkt von Krisen und Außendruck den Ratsuchenden rasch einen Erstkontakt anzubieten, ist das Zustandekommen eines Beratungsprozesses viel wahrscheinlicher als bei langen Wartezeiten. Denn in dem Fall wird der Druck verdrängt, umverteilt, durch familiäre Ratschläge vielleicht bis zur nächsten Krise vermindert oder der Lehrer ein weiteres Mal vertröstet. Die Wahrscheinlichkeit, dass ein späterer Termin in der Erziehungsberatungsstelle zustande kommt, nimmt ab.

Schwierigkeiten in der sprachlichen Verständigung und im Beziehungsaufbau

Migrant/innen gelten als schwierige Klientel, weil sie eine besondere Herausforderung für das übliche Handlungsrepertoire der Berater/innen darstellen. Sprachliche Verständigungsprobleme stellen in der Tat die wichtigste Barriere in der Erziehungsberatung dar. Mitarbeiter/innen in Erziehungsberatungsstellen benennen sie immer wieder als größtes Hindernis in der Kontaktaufnahme und Beratungsgestaltung mit Migrationsfamilien. Das ist leicht nachvollziehbar, weil Sprache die fundamentale Voraussetzung für Verständigung und im beraterischen Handlungsrepertoire essenziell ist. Das erklärt auch, dass mangelnde Sprachverständigung nicht nur eine objektive Beeinträchtigung der Kommunikation darstellt, der man mit muttersprachlichen Fachkräften, geeigneten Übersetzungshilfen oder Vereinfachung des eigenen Sprachstils begegnen muss. Sie verunsichert auch die Berater/innen, deren elaborierte Sprachkonzepte an Bedeutung verlieren, und die sich leicht ihres wichtigsten Rüstzeugs im Beratungsprozess beraubt fühlen können. Möglicherweise sind sie in ihrem Handlungsrahmen dadurch stärker beeinträchtigt als ihre Klienten, für die Verständigungsprobleme alltäglich sind und die die Verantwortung für die Ausgestaltung der Beratung nicht tragen.

Daraus folgt aber auch, dass die Fachkräfte und die Beratungsstelle als Institution die Verantwortung für das Zustandekommen und Gelingen der sprachlichen Kommunikation tragen und diese nicht den Ratsuchenden überantworten oder auch nur zulassen sollten. Wie dieser fachliche Anspruch an die Erziehungsberatung einzulösen ist, davon wird in dem Kapitel die Rede sein, in dem es um den niedrigschwelligen Zugang geht.

Interaktion im interkulturellen Beratungsprozess

In der Bewertung der Interaktion im interkulturellen Beratungskontext ist zunächst einmal davon auszugehen, dass die Beratung von Migrationsklientel durch Beratungsfachkräfte – oft den Vorstellungen der Fachkräfte zuwiderlaufend – von einem Machtgefälle und einer strukturellen Ungleichheit geprägt ist: Die *Ratsuchenden* befinden sich in einer Belastungssituation (der Anlass der Beratung), die sie zu *Rat Suchenden* macht gegenüber *Rat Gebenden*, die aufgrund ihrer professionellen Kompetenz dazu in der Lage sind. Sie – die Ratsuchenden – sind mit dem Setting und den Handlungsabläufen in der Beratungsstelle in der Regel nicht vertraut, was zu Verunsicherung und einem Abhängigkeitsgefühl gegenüber der Beratungsfachkraft führt. Als Migrant/innen sind sie aber auch in einer unterlegenen Position, weil die Beraterin oder der Berater Repräsentanten der Mehrheitsgesellschaft sind und als Vertreter von deren Werten, Normen und Strukturen wahrgenommen werden, selbst wenn sie selber einen Migrationshintergrund haben.

Sich dieser Machtasymmetrie bewusst zu sein, ist eine wichtige Voraussetzung dafür, die Bedürfnisse und Erwartungen auf beiden Seiten genauer zu erkennen und der Herstellung und Aufrechterhaltung einer konstruktiven Beratungsbeziehung besondere Aufmerksamkeit zu schenken. Das Machtgefälle zu leugnen oder seine Bedeutung zu minimieren würde die Beratungsbeziehung eher unscharf erscheinen lassen und den Blick auf die Voraussetzungen, die die Beteiligten in den Beratungsprozess einbringen, erschweren.

Was bringen die Rat suchenden Migrant/innen nun an Befürchtungen und Erwartungen in den Beratungsprozess ein? Zunächst sicher die Sorge, dass sie sich selber nicht gut genug sprachlich ausdrücken und die Beratungsfachkraft nicht hinreichend verstehen können, oder positiv ausgedrückt den Wunsch nach guter sprachlicher Verständigung. Das beginnt schon beim Erstkontakt, der Anmeldung. Viele Rat suchende Migrant/innen mit geringeren Deutschkenntnissen kommen lieber persönlich in die Beratungsstelle, weil sie das Telefonieren als belastender erleben als den persönlichen Kontakt, in dem die sprachliche Verständigung immer noch durch Körpersprache, Mimik, Gestik, Aufschreiben, nonverbale Mitteilungen angereichert werden kann. Sprachliche Kompetenzeinschränkungen der Ratsuchenden bzw. ihr mangelndes Vertrauen in die eigene Sprachkompetenz müssen in der Kommunikation in der Beratungsstelle von Anfang an berücksichtigt werden, die Angebotsstruktur muss ihnen Rechnung tragen.

Die Erwartung, als Menschen mit eigenen kulturellen Wurzeln, eigener Religion, eigenen Werten und Einstellungen anerkannt zu werden, Wertschätzung zu erfahren und respektiert zu werden, selbst wenn die eigenen Vorstellungen nicht mit denen der Beraterin/des Beraters (und Mehrheitsrepräsentanten) übereinstimmen, wird sicher nicht in dieser Form formuliert werden, äußert sich vielmehr in der Angst, als „Fremder" nicht verstanden und mit Ressentiments belegt zu werden.

Erwartet wird sicher auch, dass die versprochene Vertraulichkeit des Gesprächs wirklich eingehalten und die Schweigepflicht gewahrt wird. Gelegentlich wird das auch ‚getestet', zumindest aber die Vertrauenswürdigkeit der Beratungsperson im Umgang mit vertraulichen Inhalten sehr genau beobachtet.

Da sie mit dem Prozedere in der Beratung nicht vertraut sind, erwarten Rat suchende Klient/innen, auch wenn sie das selten formulieren, Aufklärung darüber, was auf sie zukommt, wie die Beratung konkret abläuft, wie der zeitliche Rahmen abgesteckt wird usw. Diese Rahmenbedingungen zu erklären und das Geschehen im Beratungsprozess transparent zu machen, gehört unbedingt in den Erstkontakt, schon um zu gewährleisten, dass die Erwartungen der Ratsuchenden an die Beratung eine realistische Basis erhalten und die Compliance gestärkt wird. Denn erwartet wird häufig eine rasch beginnende und schnelle Hilfe (was oft schon an den Wartezeiten scheitert), oftmals eine auf den unmittelbaren Vorstellungsanlass bezogene sehr konkrete Hilfestellung, leicht umsetzbar, wenig Aufwand erfordernd und schnell wirksam. Nicht selten werden psychologische Fachkräfte auch mit Ärzt/innen verwechselt, was die Erwartung nährt, man könne die vorhandenen Probleme mit Medikamenten rasch beseitigen.

Das Bedürfnis, eine effiziente, fachlich qualifizierte Hilfestellung zu erhalten und über weitergehende andere Unterstützungsangebote gut informiert zu werden, ist sicher implizit in den Erwartungen der Migrationsklientel genauso ausgeprägt wie bei allen anderen Klient/innen auch.

Viele Erwartungen der Migrationsklientel an den Beratungsprozess sind keineswegs unberechtigt oder falsch, sie entsprechen vielfach aber nicht den Vorstellungen und professionellen Haltungen der Berater/innen in den Erziehungsberatungsstellen und anderen psychosozialen Beratungsdiensten.

Mitarbeiter/innen in den Beratungsstellen haben sicher grundsätzlich den Anspruch an sich selbst, ihrer Klientel offen, zugewandt und verständnisvoll zu begegnen, sie sind aber auch gebunden an die Rahmenbedingungen der Beratungsstelle (Anmeldedruck, Dauer und Häufigkeit der Gespräche, Settings, Schwerpunkte der Beratungsstelle) und geprägt durch ihre Sozialisation in ihrem Beruf und in ihren jeweiligen Therapie- und Beratungsschulen. Das kann auf Seiten der Ratsuchenden schnell zu Irritationen führen: Haben sie von den Beraterinnen/Beratern das Bild, dass sie Expert/innen in Erziehungs- und Familienfragen sind, deren Urteil man sich unterzuordnen hat, werden sie mit einer permissiven Haltung der Beratungspersonen, die lieber mit den Klient/innen gemeinsam Lösungen finden möchten, wenig anfangen können, ja die Kompetenz der Fachkraft möglicherweise in Zweifel ziehen. Auch Distanz schaffendes Schweigen, spiegelnde sprachliche Kommunikation oder systemische Interventionen können Befremden auslösen, wenn sie nicht in einen klärenden, für die Ratsuchenden nachvollziehbaren und Sinn und Sicherheit stiftenden Kontext gestellt werden.

Die Unterschiedlichkeit in Normierungen, Lebenskonzepten, religiösen und kulturellen Werthaltungen, Einstellungen zu Entwicklung und Erziehung, die in der Interaktion zwischen beratender und Beratung suchender Person zu Tage treten kann, bietet eine Vielzahl von Hindernissen und „Fallstricken", die den Beratungsprozess belasten können. Sie alle zu benennen wäre nicht möglich und didaktisch nicht hilfreich, daher an dieser Stelle lediglich ein Beispiel.

BEISPIEL

Ein Klassiker in den Weiterbildungen ist die Unsicherheit vieler Berater, ob sie ihrer Klientin mit Kopftuch die Hand geben dürfen oder nicht, auch die Angst, mit einer Verweigerung des Händegebens nicht umgehen zu können. Vielleicht ist es genau das Problem, dass bereits eine Art Problemtrance auf Seiten des Beraters besteht. Denn in den meisten Fällen reicht es, den eigenen Wahrnehmungen (Kleidung, Mimik, Körperhaltung, Sprechweise usw. der Klientin) und der Achtsamkeit gegenüber eigenen Reaktionen (Neugier, Vorsicht, Unsicherheit) zu vertrauen, um sich angemessen zu verhalten. Und wenn man die Signale nicht zu deuten weiß oder sich unsicher ist, ist es – gemäß der Prinzipien interkulturell kompetenter Haltung, die später erläutert werden – sicher möglich, mit Offenheit und „Neugier" nachzufragen, wie die Klientin es denn halten möchte, oder die eigene Unklarheit zu formulieren.

Gender-Aspekte

Das eben dargestellte Beispiel dokumentiert bereits, dass die Beziehung der Geschlechter zueinander in der Beratung von Migrationsklientel offenbar eine besondere Rolle spielt. Auch in den Weiterbildungen kommen Fragen zu diesem Komplex vorrangig zur Sprache, also z. B. Unsicherheiten von Beratern gegenüber Klientinnen. Häufig werden auch von Beraterinnen Vorbehalte und mangelnder Respekt männlicher Klienten ihnen gegenüber thematisiert.

Ohne in diesem Kontext das komplexe Thema der Geschlechterbeziehungen in der Beratung von Migrant/innen umfangreich zu behandeln, sollen doch drei für die Beratung relevante Aspekte benannt werden:

- Das Aufeinanderprallen von konservativ-patriarchalen Vorstellungen zum Frau-Mann-Verhältnis und zur Aufgaben- und Machtverteilung in der Familie und dem gesellschaftlich weitgehend akzeptierten – wenn auch lange nicht realisierten – Bild der Gleichberechtigung der Geschlechter in Partnerschaft, Familie und Gesellschaft. Wir wissen, dass allen Akkulturationsbemühungen vieler Familien zum Trotz tradierte Einstellungen zur Verteilung der Geschlechterrollen in Partnerschaft und Familien nur sehr langsam in Bewegung geraten und modifiziert werden. Auch gibt es hinreichend Beispiele für Unfähigkeit und Unwillen gerade auf männlicher Seite, tradierte Dominanzrollen zu verändern. Das ist besonders ein Problem der konservativen Vorstellungswelten in den Migrantenfamilien, die zu wenig Kontakt mit der Mehrheitsgesellschaft haben oder sich bewusst von ihr abgrenzen, aber auch solcher, die den Akkulturationsprozess gerade erst begonnen haben. Wir wissen aber auch – Stichwort SINUS-Studie – dass es falsch wäre, diese Schwierigkeiten ethnisierend zu betrachten. Soziales Milieu, Schichtzugehörigkeit, Bildungsbereitschaft und Offenheit bzw. Verschlossenheit gegenüber Veränderung und Modernisierung spielen dabei eine herausragende Rolle, wie allein die schleppende Realisierung des Anspruchs auf Geschlechtergerechtigkeit in der Mehrheitsgesellschaft zeigt. Darüber hinaus gehen in der Mehrheitsgesellschaft die Idealvorstellungen über Paar- und Eltern-Kind-Beziehungen überwiegend von eher partnerschaftlichen Beziehungen und bestenfalls flachen Hierarchien und von autoritativem Erziehungsverhalten mit Betonung der positiven Eltern-Kind-Beziehung aus. Demgegenüber sind die traditionellen patriarchalen Vorstellungen von einer sehr ausgeprägten Hierarchie sowohl in der Mann-Frau-Beziehung als auch in der Eltern-Kind-Beziehung mit autoritärem Erziehungsstil geprägt. (Näheres hierzu im Kapitel zur interkulturellen Kompetenz, S. 110ff)
- Die gesellschaftliche Rezeption migrantenspezifischer Themen prägt natürlich auch die Einstellungen der Berater/innen, noch

bevor sie die Beratung der Migrationsklient/innen beginnen. Das führt nicht selten zu Erwartungshaltungen, die nicht durch eigene Erfahrungen geprägt sein müssen, die aber durch das Verhalten der Beratungsfachkräfte möglicherweise in einer selbsterfüllenden Prophezeiung initiiert werden.

BEISPIEL

Eine Beraterin bemerkt im Erstgespräch mit einer tunesischen Familie, dass der Vater, der sich als Familienoberhaupt versteht, immer wieder Fragen, die an die Mutter gerichtet sind, beantwortet und das Gespräch an sich reißt. Sie reagiert darauf mit der stereotypen Vorstellung, dass der Mann Frauen nicht respektiere, wird unsicher und gibt die Gesprächsführung aus der Hand. Ein Beratungskontrakt kann nicht entstehen, die Beratung findet nach dem Erstgespräch ein Ende. Die Beraterin könnte in ihrer Verunsicherung auch aversiv auf das Auftreten des Mannes reagieren, ihn zurechtweisen und der Frau ein „Rederecht" erkämpfen. Das Ergebnis wäre vermutlich dasselbe.

Aber auch, wenn solche Reaktionsweisen der Fachkräfte auf eigenen Erfahrungen in der Beratung von Migrationsfamilien beruhen, bleibt das Problem, dass diese Erfahrungen unzulässig generalisiert und Souveränität und Gesprächsverantwortung aus der Hand gegeben werden.

Entscheidend ist hier, dass das ‚Kopfkino' in der Köpfen der Berater/innen – gerade bei Fragen der Genderbeziehungen – oft so unmittelbar und nachhaltig, meist auch unbemerkt abläuft, dass der Gesprächsverlauf dadurch rasch beeinträchtigt werden kann.

- Das Stichwort „Souveränität" führt zu einem weiteren Aspekt, der auch in Genderfragen sehr bedeutsam ist: Das fachliche Rollenverständnis der Berater/innen. Sie haben in Beratungs- und Therapieausbildungen häufig gelernt, dass die Klient/innen Expert/innen in ihren eigenen Anliegen sind, dass die Fachkräfte sie in ihrem Veränderungsprozess begleiten oder sie nach ihren Veränderungsideen fragen, statt eigene zu präsentieren. In gewisser Weise wird das Expertentum der Fachleute von ihnen selbst relativiert. Die Ratsuchenden, gerade solche, die aus sehr hierarchisch organisierten Strukturen stammen, sehen in den Fachleuten aber genau die Expert/innen, die man aufsucht, weil man aus eigener Kraft nicht weiterkommt und auf deren Expertise vertraut. Wird diese Rollenzuschreibung negiert, kann es leicht zu Irritationen, Ablehnung und auch Entzug von Respekt kommen. Dabei entspricht es der Vorstellungswelt der meisten dieser Klient/innen, sich der Autorität der Fachleute anzuvertrauen. Anwält/innen, Richter/innen oder Ärzt/innen werden in aller Regel als Autoritäten und Experten anerkannt, das Geschlecht der Autoritäten spielt dann eine untergeordnete Rolle.

In der Zusammenfassung zur Frage der Bedeutung der Geschlechterbeziehungen in der Beratung soll nicht bestritten werden, dass die unterschiedlichen Konzepte zu Frau-Mann-Beziehungen in der Beratung zu Komplikationen führen können, vor allem mit uneinsichtigen Männern mit Frauen verachtenden Einstellungen.

Es gilt aber immer wieder hervorzuheben, dass das Beratungsanliegen und die Beratung in psychosozialen oder Erziehungsfragen im Zentrum dieser Arbeitsbeziehung stehen, dass andere Merkmale wie Geschlecht, Alter, Herkunft usw. eine untergeordnete Rolle spielen sollten. Die im Beratungsgespräch sichtbare Geschlechterbeziehung in der Familie, das dominante Auftreten der Männer bzw. Väter und Zurückhaltung oder Schweigen der Frauen bzw. Mütter sind wichtige Informationen für Diagnose und Entwicklung eines Beratungsplans. Das erfordert aber, dass Berater/innen diese Informationen aufnehmen und gut integrieren können (z. B. in das Wissen über kollektivistische Familienformen, über die Vorerfahrungen der Familie etc.) und sich nicht von eigenen Ressentiments, Vorurteilen und Geschlechterrollen-Stereotypen leiten lassen. Das Bewusstsein, dass man als Fachkraft und Expertin bzw. Experte konsultiert wird und nicht als Frau oder Mann, kann dabei hilfreich sein, allerdings nur, wenn man bereit ist, diese Rollenzuschreibung auch aufzugreifen und produktiv damit umzugehen.

Selbstverständlich sollten kritische Beratungsereignisse wie Konflikte in den Gender-Beziehungen in der Fallbesprechung im Team und in der Supervision einen prominenten Platz einnehmen.

Kommunikative Hindernisse

Im Kapitel zur interkulturellen Kompetenz werden die wichtigsten Faktoren erläutert werden, die dazu beitragen können, die Kommunikation so zu gestalten, dass sie gelingen und ein gutes Fehlermanagement praktiziert werden kann. An dieser Stelle soll nur schon einmal darauf hingewiesen werden, wie wichtig das Eingehen auf Kommunikationsmuster und -gepflogenheiten der Migrationsklientel für den Beziehungsaufbau ist. Orientiert am Streben nach einer raschen und präzisen Auftragsklärung steuern Berater/innen gerne zielstrebig auf eine Benennung der Beratungsthemen, der Wünsche und Ziele der Klienten zu. Ihnen entgeht dabei leicht, dass ein solch direktes Vorgehen in den Kommunikationserwartungen vieler anderer Kulturen als nicht empathisch, unhöflich und sogar übergriffig wahrgenommen wird. Viele Ratsuchende merken kritisch an, dass diese „Schroffheit" der Beraterinnen oder Berater sie irritiert und Distanz schafft. In der Interkulturellen Beratungsstelle sind die Fachkräfte häufig mit solchen Berichten über negative Erfahrungen mit Berater/innen und Therapeut/innen konfrontiert. Die Asymmetrie der Beratungssituation wird dadurch auch besonders stark erlebt.

Untersuchungen hierzu liegen nicht vor, wohl aber die Empfehlung, gegenüber Migrationsfamilien nicht „mit der Tür ins Haus zu fallen" und das motivierende unverbindliche Gespräch am Anfang der Beratung zu pflegen (vgl. Banning 1999, S, 31f).

Beispiel

Eine türkischstämmige Familie berichtet der muttersprachlichen Beraterin von der Diagnosevermittlung nach einer testpsychologischen Untersuchung ihres Kindes in einer anderen Einrichtung. Ihnen sei unumwunden gesagt worden: „Ihr Kind ist ein bisschen dumm". Die Eltern berichten von der massiven Kränkung, die diese unsensible Art der Vermittlung bei ihnen auslöste, die ihnen unmöglich machte, diese Diagnose zu akzeptieren. Das Beispiel mit diesen schlecht deutsch sprechenden Eltern zeigt aber auch, wie problematisch die Vermittlung von Untersuchungsergebnissen und Befunden ist, wenn keine kompetente Übersetzungsmöglichkeit bereitgestellt wird.

Das allgemeine Warm-up, der Austausch von Alltagsthemen oder Höflichkeiten werden von vielen Migrant/innen dagegen als essenziell angesehen, um die langsame Annäherung an ein Problem- oder Konfliktthema, das anzusprechen schwerfällt, zu gestalten. Darüber hinaus tragen die Verunsicherung der Klient/innen im Erleben der fremden Situation und Angst vor Bloßstellung und Kritik durch die Fachleute auch dazu bei, dass sie zunächst einmal danach streben, sich einen kommunikativen Schutzraum zu schaffen und Zeit zu gewinnen, das fremde Terrain zu erkunden. Die Fachkräfte können in der ersten Phase der Beratung viel dafür tun, durch einen genauen Blick und das Eingehen auf das Kommunikationsverhalten der neuen Klient/innen Fremdheit abzubauen und Sicherheitsbedürfnisse zu befriedigen.

Grundsätzlich muss gelten, dass Beziehungsaufbau sowie Sicherung und Kontinuität der Kommunikation Vorrang haben müssen vor Prinzipientreue in den methodischen Vorgehensweisen oder Vorlieben bei Interventionsstrategien. Das bedeutet aber auch, dass die Fachkräfte bereit und in der Lage sein müssen, vertraute Wege – wenn nötig – auch zu verlassen, eigene Einstellungen und Werthaltungen zu hinterfragen und sich ihrer Relativität bewusst zu werden. Denn die Diversität der Vorstellungswelten, die in der Interaktion zwischen beratender und Beratung suchender Person zu Tage treten kann, muss für die Fachkraft im Beratungsprozess erkennbar und beherrschbar sein. Das gelingt nicht ohne die kritische Reflexion der eigenen Positionen.

Um ihren eigenen fachlichen Ansprüchen gerecht zu werden und mit Migrationsklientel angemessen Beratungen durchführen zu können, brauchen Berater/innen aber auch von Träger, Leitung und Team einen klaren Auftrag und Einverständnis dafür, mit dieser Klientel zu arbeiten. Der Träger muss Möglichkeiten der Weiterbildung in diesem Themenbereich ebenso gewährleisten, wie er zeitliche Ressourcen für zusätzliche Aufgaben wie Aufbau von neuen Netzwerken oder Erweiterung der Konzeption der Beratungsstelle zur Verfügung stellen muss.

Migrationsbedingte Belastungsfaktoren

Wenn im Folgenden über Migrationsfamilien und ihre Belastungsfaktoren gesprochen wird, heißt dies nicht, dass diese Ausführungen für alle Familien mit Migrationshintergrund zutreffen müssen. Die schon beschriebene Diversität der Migrantenmilieus, der unterschiedlichen Migrationsgeschichte und -phasen, Fragen des Aufenthaltsstatus und viele andere migrantenspezifische Faktoren machen eine generalisierte Beschreibung unmöglich. Was beschrieben wird, kann ganz oder teilweise zutreffen, das Gegenteil allerdings auch. Daher ist es hilfreich und unbedingt erforderlich, den Einzelfall genau zu betrachten und die jeweiligen Rahmenbedingungen zu analysieren. In allgemeiner Form lassen sich die Belastungen von Immigranten, weitgehend auch von geflüchteten Menschen, folgendermaßen zusammenfassen:

- unsichere Lebensperspektive durch eine geschwächte Rechtsposition, ungesicherten Aufenthaltsstatus; hier ist der Status der EU-Ausländer allerdings deutlich abgehoben von dem der Menschen aus Nicht-EU-Ländern: „Freizügigkeitsberechtigte Unionsbürger und ihre Familienangehörigen haben das Recht auf Einreise und Aufenthalt […]“. (§ 2;1 Gesetz über die allgemeine Freizügigkeit von Unionsbürgern (Freizügigkeitsgesetz/

EU – FreizügG/EU, zitiert nach Juris: www.gesetze-im-internet.de/freiz_gg_eu_2004/__2.html)

- ökonomische Schwierigkeiten: geringere Ausbildungs- und berufliche Aufstiegschancen, Belastung durch prekäre Arbeitsverhältnisse, Zwang zu Scheinselbstständigkeit, mehrere gleichzeitige Arbeitsverhältnisse; Nicht-Anerkennung qualifizierter Berufs- und Studienabschlüsse und Berufstätigkeit unterhalb der vorhandenen Qualifikation
- drohende Arbeitslosigkeit hier und unklare Perspektiven für eine abgesicherte Berufstätigkeit im Falle einer Rückkehr ins Heimatland
- soziale und psychische Belastungssituation, zusammenhängend mit massiven sprachlich-kulturellen Interaktionsproblemen
- offene und unterschwellige Diskriminierungen, Rassismus, Anfeindungen wegen der Religionszugehörigkeit (Antisemitismus, Islamophobie)
- ungewohnte, oft schwerste Arbeitsbedingungen (z. B. Akkord- und Schichtarbeit, Lärm- und Staubbelästigung, mehrere Arbeitsstellen, extensive Arbeitszeiten)
- ungünstige Wohnbedingungen
- häufigere Familientrennungen
- Rollenkonflikte zwischen Erwachsenen und Kindern
- Leiden unter der zu missglücken drohenden „Erwartungs-Erfüllungs-Dynamik“ bei der Migrationsentscheidung.

Bei Menschen mit Fluchthintergrund haben einige der aufgeführten Wirkfaktoren eine viel stärkere existenzielle Bedeutung. Weitere Faktoren kommen hinzu:

- der oft plötzliche Verlust der Heimat und des vertrauten Kulturkreises, Flucht als erzwungene und kaum planbare Form der Migration als besonders belastendes kritisches Lebensereignis
- lange Wartezeiten bis zu einer Entscheidung über einen Asylantrag, Ungewissheit für den Fall einer Ablehnung und Angst

vor Rückführung in ein anderes Schengen-Land oder ins Heimatland
- Angst um Familienangehörige, die ohne Schutz sind, und die Sorge, ob eine Familienzusammenführung ermöglicht werden kann oder aufgrund des lediglich subsidiären Schutzes für den/die Antragsteller/in ausgeschlossen wird
- traumatische Erlebnisse als Beweggrund, die Flucht zu ergreifen, traumatische Erfahrungen, Verlust durch Tod oder Trennung während der Flucht, posttraumatische Belastungsstörungen
- unzureichende Lebensbedingungen in Gemeinschaftsunterkünften, fehlende Intimsphäre, unzureichende Betreuung. Die Qualität der Unterbringung und Versorgung kann – je nach Bundesland – dabei erheblich differieren.
- Monotonie in der Alltagsgestaltung in den Unterkünften, unzureichende Sprach- und Bildungsangebote, fehlende Arbeits- und Betätigungsmöglichkeiten
- „Im Aufnahmeland wird die Teilhabe an gesellschaftlichen Ressourcen oft strukturell verwehrt " (Abdallah-Steinkopff 2018, S. 18).

Viele der aufgeführten Faktoren stellen existenzielle Belastungen dar, die für die Betroffenen vorrangig sind gegenüber Fragestellungen zu Familien, Schule oder Erziehung der Kinder.

In der Beratungsarbeit tut es Not, die Bedeutung dieser als existenziell erlebten Belastungsfaktoren anzuerkennen und sie nicht gegen andere Fragestellungen, z. B. zur Entwicklung und Erziehung der Kinder, ‚auszuspielen'. Bestenfalls wird in der Erziehungsberatungsstelle den Ratsuchenden auch fachliche Expertise zu den Themenbereichen Aufenthalt, Arbeit, Wohnen, soziale Absicherung und Stärkung der Rechtsposition gegenüber Ämtern, Behörden und Arbeitgebern angeboten oder zumindest vermittelt. Unterstützung in diesen existenziellen Fragestellungen schafft Vertrauen seitens der Familien und fördert ihre Bereitschaft, sich auch mit familiären Konflikten, Entwicklungsfragen und erzieherischen Problemen zu beschäftigen.

Besondere Belastungsfaktoren für Kinder und Jugendliche

Viele Kinder der Einwanderergeneration kennen Heimatland, Heimatsprache, die Werte, Normen, Religion ihrer Eltern oft eher flüchtig oder gar nicht. Die Migrationsziele der Eltern sind ihnen ebenso wenig direkt nachvollziehbar wie deren emotionale Bezüge zum Heimatland. In der gesellschaftlichen Rezeption hier gelten sie aber genauso als Migrant/innen wie ihre Eltern, entsprechend werden sie in der Kindertagesstätte, in der Schule, im sozialen Umfeld und am Ausbildungs- oder Arbeitsplatz wahrgenommen und behandelt. Das heißt für die Kinder der zweiten und dritten Generation, dass sie erheblich erschwerenden psychosozialen Rahmenbedingungen ausgesetzt sind. Dabei haben gerade sie die äußerst schwierige Aufgabe zu bewältigen, durch die Synthese der divergierenden Werte der Familie/des Heimatlandes und der Normen der Umgebung hier eine neue Identität für sich aufzubauen. Hier gibt es ein hohes Maß an gesellschaftlich determinierten Belastungsfaktoren, die die Anpassungsstörungen eines Teils dieser Kinder und Jugendlichen mit Migrationshintergrund erklären können. Einige der besonderen Belastungsfaktoren für Kinder und Jugendliche und ihre Eltern sind im Folgenden aufgeführt:

- Die Erwartungen der Einwanderer an die Migration haben sich nicht erfüllt (negative Erwartungs-Erfüllungs-Dynamik), ihre Vorstellungen von einer Rückkehr ins Heimatland haben sich als ebenso illusorisch herausgestellt wie die Hoffnung, sich durch die Arbeitsmigration eine verlässliche ökonomische Zukunft aufzubauen. Das wirkt sich erheblich auf die Lebensplanung der Eltern, auf die Atmosphäre innerhalb der Familie und ihre Außenbeziehungen aus. Hier entscheiden die Qualität der sozialen Einbindung, die Ressourcen der Familienmitglieder und ihre erlernten Coping-Strategien für Belastungssituationen darüber, wie stark die negative Wirkung dieses Belastungsfaktors eingedämmt wird.

- Unklare Zukunftsperspektiven vermitteln die Einwanderer der Nachfolgegeneration, die sich ihrerseits meist schnell von Rückkehroptionen ihrer Eltern verabschiedet hat und den Eltern eine andere Lebensplanung entgegensetzen möchte. Die Orientierung der zweiten Generation geht zumeist viel eindeutiger in Richtung Ankommen in der Aufnahmegesellschaft, rasches Erlernen der Sprache, Integration in der Schule und Aneignung der Werte und Normen, insbesondere der Peer-Group. Bei so stark divergierenden Lebenseinstellungen sind massive innerfamiliäre Konflikte fast unausweichlich.
- Unzureichende Bewältigungsstrategien und Alltagskompetenzen der Eltern schwächen diese in der innerfamiliären hierarchischen Struktur und Machtkonstellation gegenüber den Kindern – sehr deutlich z. B., wenn sie auf die Übersetzungshilfe der Kinder angewiesen sind. Die Abhängigkeit der Eltern von ihren Kindern und ihr Bedeutungs- und Machtverlust stellen einen eklatanten Widerspruch zu den häufig tradierten und weiterhin eingeforderten kulturellen Werten des Respekts vor den Eltern und der Anerkennung ihrer Autorität dar. Entscheidend ist auch hier, ob die Familie interne Bewältigungsstrategien entwickelt hat und diese auch praktizieren kann. Ansonsten kann es geschehen, dass Eltern durch Druck und Gewalt ihre Macht und Autorität zu erhalten und ihren Bedeutungsverlust zu kompensieren versuchen. Auf jeden Fall jedoch stellen sie als „Migrationsverlierer" ein negatives Lernmodell dar, mit dem sich die Kinder auseinandersetzen müssen.
- Viele Eltern zeigen eine indifferente, nicht zielgerichtete Erziehungshaltung, die als Zeichen unzureichender Erziehungskompetenz oder auch nur mangelnden Vertrauens in die eigene Erziehungskompetenz anzusehen ist. Inadäquate Erziehungspraktiken sind manchmal extreme Äußerungsformen dieser Indifferenz (z. B. massive Repression und Bevormundung, aber auch unangemessene Verwöhnungshaltung und Nachgiebigkeit). Auch der oft sehr frühe und nahezu uneingeschränkte Gebrauch elektronischer Geräte (Smartphone, Fernsehen,

Computer, Video-Games, usw.) spiegelt die Unsicherheit und Unklarheit von Eltern wider, ja sie scheinen ihnen als digitale Sozialisationsinstanzen Entlastung zu verschaffen, ohne dass negative Folgen erwogen werden. Seit dem Siegeszug der Smartphones bei Kindern und Jugendlichen ist das allerdings ein generelles Phänomen, das sich nicht mehr auf Migrationsfamilien beschränkt.

- Angesichts der gewaltigen Aufgabe, tradiertes Erziehungsverhalten in eine gänzlich andere gesellschaftliche Realität übertragen, neue Einstellungen und Werthaltungen erlernen und in erzieherisches Alltagsverhalten umsetzen zu müssen, sind solche Anzeichen von Überforderung nachvollziehbar.
- Manche Eltern glauben, an ihrer Erziehungsaufgabe zu scheitern, und entwickeln eine resignative Erziehungshaltung. Sie geben – auch in der Beratung – zu erkennen, dass sie die Erziehungskompetenz am liebsten an Außenstehende abgeben würden. Häufig ignorieren, verharmlosen, entschuldigen oder decken sie problematische Verhaltensweisen ihrer Kinder, was das schwierige Verhalten verstärkt und zugleich die Position der Eltern als Erziehungspersonen weiter schwächt. Das führt schlimmstenfalls zum Rückzug der Eltern oder eines Elternteils aus der Verantwortung für Entwicklung und Erziehung der Kinder und für den Zusammenhalt der Familie.
- Die Migrationsgeschichten der einzelnen Familien weisen sehr häufig Beziehungsdefizite oder -abbrüche zwischen Eltern bzw. einem Elternteil und den Kindern auf. Sei es, dass in der Arbeitsmigration ein Elternteil (meist der Vater) die Familie verlassen hat und erst viel später durch Familiennachzug die Familientrennung beenden kann, sei es, dass Familien auf der Flucht auseinandergerissen wurden oder Jugendliche sich allein auf den Fluchtweg begeben haben: Dass ganze Familien als Einheit den Weg in die Migration antreten, ist keineswegs die Regel. Bindungstheoretisch betrachtet sind – je nach Verlauf und lebensgeschichtlichem Zeitpunkt der Migration – zahlreiche Bindungsstörungen und alle Bindungstypen mit den be-

kannten Auswirkungen auf die psychische und soziale Stabilität der Betroffenen erkennbar.

Bindungstheorie und Migration

Zahlreiche Aspekte und Beispiele zu Auffälligkeiten und Störungen im Bindungsverhalten werden in der Literatur behandelt, z. B. in Brisch 2016. Atabay (2010) stellt Bindungsverhalten und Identitätsentwicklung in türkischstämmigen Familien dar. Lennertz (in: Büttner et al. 2004, S. 141–149) behandelt explizit das Thema „Trauma und Bindung bei Flüchtlingskindern".

Gleichwohl soll die fachliche Auseinandersetzung um die Frage der universellen Gültigkeit bzw. kulturelle und gesellschaftliche Determiniertheit der Bindungstheorie an dieser Stelle, die vor allem durch Forschungen der Ethnopsychologie angestoßen wurde, nicht unerwähnt bleiben (vgl. z. B. Keller 2011, 2016 und 2017, auch S. 90). Sie scheint für den kultursensiblen Umgang mit Migrationsfamilien höchst bedeutsam, aber auch sehr brisant zu sein.

- Das massive Aufeinanderprallen von unterschiedlichen Erziehungs- und Werthaltungen prägt nicht nur viele Familien, sondern auch deren Außenbeziehungen. So kann z. B. das Elternhaus in vielen Einstellungen und Vorstellungen vom Umgehen mit Kindern völlig konträr zu Kindertagesstätte und Schule positioniert sein, was – wenn keine Kommunikationsbasis entsteht – sehr häufig Unverständnis der anderen Seite und Vorurteilsbildung auf beiden Seiten fördert. Kinder und Jugendliche geraten dadurch häufig in kaum lösbare Loyalitätskonflikte und benötigen hohe Ambiguitätstoleranz und gesunde Coping-Strategien, um in diesen Konflikten nicht aufgerieben zu werden.
- Viele Eltern sind unzureichend über die Grundstrukturen unserer Gesellschaft informiert. Sie wissen nicht, was erlaubt und was verboten ist in der Erziehung der Kinder. Fundamentale Werte unserer Erziehung – z. B. Bedeutung des Spiels, Recht der Kinder auf gewaltfreie Erziehung, Bedeutung der

Eltern-Kind-Beziehung, manchmal auch die Bedeutung frühkindlicher Bildung – sind ihnen in ihrem Horizont von Lebenserfahrung nicht vermittelt worden oder wurden in ihrer Heimatkultur mit anderen Bedeutungen aufgeladen. Erwartungen an die Eltern im Kontext der Erziehungsinstitutionen und der Schule sowie unser kompliziertes Bildungs- und Ausbildungssystem sind ihnen nur unzureichend geläufig. Auch Erwartungen der Eltern an die pädagogischen Institutionen und die Lehrer/innen sind möglicherweise mit deren Selbstverständnis schwer vereinbar. All das kann zu Missverständnissen und negativen Einstellungen zwischen Eltern und außerfamiliären Bezugspersonen ihrer Kinder führen.

- Angst und Unsicherheit prägen oftmals die Einstellungen, das innerfamiliäre Verhalten und das Auftreten der Eltern in der Öffentlichkeit. Die Gründe sind vielfältig: unsicherer Aufenthaltsstatus, der durch Auffallen der Kinder oder der Familie in der Öffentlichkeit gefährdet werden könnte, Erleben von Bedrohung durch machtvolle Behörden wie Jugendamt, Arbeitsagentur, Ausländer- und Ordnungsbehörde, Widerspruch zwischen den Ansprüchen der Gesellschaft und denen der eigenen Landsleute und Community, wo man Rückhalt und Reputation nicht verlieren möchte. Diese Ängste führen oftmals zu unsicherem Auftreten, Rigidität in Einstellungen und Verhalten und zu emotionaler Destabilisierung in der Familie.
- Insgesamt sind die Normierungsdifferenzen zwischen migrantischer Herkunftsfamilie und Erwartungen der Mehrheitsgesellschaft bei Migrationsfamilien besonders zahlreich und stark ausgeprägt. Das betrifft nicht nur gesellschaftliche Reizthemen wie Zwangsehen, arrangierte Ehen oder Heiratsmigration. In der Beratungspraxis ist häufig festzustellen, dass die Thematik der Loslösung vom Elternhaus in Migrationsfamilien, besonders, aber nicht nur von jungen Frauen, häufiger als belastend und konfliktbeladen erlebt wird. Das überrascht nicht, weil sich im Rahmen dieses kritischen Lebensereignisses die ganze Debatte um divergierende Werthaltungen, Anpassung versus Abgrenzung,

Autonomie vs. Abhängigkeit usw. nochmals revitalisiert. Es steht jedoch zu erwarten, dass viele dieser Widersprüche im weiteren Verlauf der Migrationsgeschichte an Brisanz verlieren werden, auch wenn – Stichwort Heiratsmigration – in manchen Bereichen diese Entwicklungsgeschichte immer wieder aufgehalten und in frühere Phasen zurückgeworfen wird.

- Vielen Eltern fehlen bei den komplexen Erziehungsaufgaben, die sie zu bewältigen haben, einfühlsame und kompetente Gesprächspartner, die ihnen beim Überbrücken der Widersprüche behilflich sein könnten. Um die Fassade einer intakten, gut funktionierenden Familie aufrecht erhalten zu können, verbieten sie sich, im Bekannten- und Freundeskreis über ihre Belastungen und ungelösten Herausforderungen in Erziehung und Gestaltung des familiären Zusammenlebens zu sprechen. Angesichts der oftmals erlernten kollektivistisch orientierten Grundeinstellungen und Erziehungshaltungen erlegen sie sich dadurch eine zusätzliche Selbstbeschränkung auf, die zu durchbrechen eine wichtige Voraussetzung für eine gesunde Entwicklung der Kinder und familiäre Stabilität darstellt.

Dass nicht alle Migrationsfamilien in gleicher Weise Belastungsfaktoren unterworfen sind, muss immer wieder neu betont werden. Die Art der Zuwanderung (geplant – ungeplant, legal – illegal, Arbeitsmigration bzw. Flucht und politisches Asyl etc.) spielt ebenso eine Rolle wie die soziale Herkunft, Bildungsniveau, Ausbildung, berufliche Erfahrung und der Zeitpunkt des Einlebens in die hiesige Gesellschaft. Ein Blick auf das zuvor skizzierte Phasenmodell der Migration (s. S. 29 f) veranschaulicht, dass in jeder Phase der Einwanderung unterschiedliche Sichtweisen und Herausforderungen erkennbar sind und die Rahmenbedingungen, die das Aufnahmeland bietet, einen großen Einfluss auf das Gelingen oder Scheitern von Integration haben. Auch das Vergegenwärtigen der Ergebnisse der SINUS-Studie (s. Abschnitt Diversität der Migrationspopulation, S. 24 ff) lässt erkennen, dass in den einzelnen herausgearbeiteten Milieus Herausforderungen und Belastungen sehr stark divergieren.

Schutzfaktoren und Ressourcen in Migrationsfamilien

Zentrales Anliegen in der psychosozialen und Erziehungsberatung ist natürlich das Bemühen, sich in der Beratung von einer Problemorientierung hinzubewegen zu einer ressourcenorientierten Aufgabenbetrachtung. Nach Schutzfaktoren, Sicherheit und Stabilität gebenden Einflüssen zu suchen und diese zu fördern, kann eine produktive und positive Bearbeitung der Beratungsanliegen erheblich erleichtern.

Betrachtet man jedoch die gesamtgesellschaftliche, politische, teilweise auch wissenschaftliche Rezeption des Themas Migration, ist durchweg eine sehr problemorientierte Sichtweise vorherrschend: Migration wird quasi als Synonym für Armut, Bildungsferne, geringen sozialen Status, Problembelastung und Integrationshemmnis angesehen, also als ein sehr virulenter Risikofaktor für negative Entwicklungsverläufe.

Dem gegenüber hat sich bereits im Jahr 2000 der Sechste Familienbericht des Bundesfamilienministeriums („Familien ausländischer Herkunft in Deutschland – Leistungen, Belastungen, Herausforderungen“) thematisch erstmals ganz den Leistungen, Belastungen und Herausforderungen von Familien ausländischer Herkunft in Deutschland gewidmet. Er beschreibt die Situation von Migrantenfamilien in Deutschland und hebt ihre Bedeutung für die Schaffung und den Erhalt des „familialen Humanvermögens“ hervor. „Dieses Potenzial ist für das Aufnahmeland, für die zugewanderten Familien sowie für ihre Herkunftsländer von außerordentlicher Bedeutung“ (BMFSFJ 2000, S. 5). Ausdrücklich werden auch die Ressourcen, die Migrationserfahrungen bedeuten können, hervorgehoben: Zum Beispiel sind die Mehrsprachigkeit von Kindern und Jugendlichen aus Migrantenfamilien als besondere Kompetenz und die starke Familienorientierung Generationen übergreifend auch als Stabilisator und Schutzfaktor anzusehen.

Leider wurde diese ressourcenorientierte Sichtweise auf Migration in der gesellschaftlichen Rezeption spätestens mit Bekanntwerden der PISA-Studie im Jahr 2003 häufig wieder in den Hintergrund gedrängt. In der Bewertung des schlechten Abschneidens deutscher Schulen spielt der Migrationshintergrund von Schüler/innen als Belastungsfaktor eine gewichtige Rolle. Nicht die Schwächen unseres Bildungssystems, Kinder herkunfts- und schichtunabhängig durch angemessene Förderungen besser zu integrieren, rückte in den Mittelpunkt der Diskussionen, vielmehr wurde Migration per se zum Belastungs- und Risikofaktor auch für deutschstämmige Kinder und Jugendliche in Schulen mit hohem Migrantenanteil stilisiert.

Mit dem Prozessverlauf von Migration über Generationen hinweg und mit der Vielfalt der Einwanderungsarten treten aber auch die Ressourcen und Schutzfaktoren deutlich in Erscheinung:

- Erhöhtes Bildungsbewusstsein in vielen Familien, bessere berufliche Qualifikationen und vermehrte akademische Bildungsverläufe bei Kindern aus Migrationsfamilien.
- Aktives und bewusstes Bemühen vieler Migrationsfamilien bei der Bewältigung der Aufgabe, divergierende Wertvorstellungen und Lebensentwürfe in Übereinstimmung zu bringen. Zum Beispiel entfalten Eltern viel Kreativität dabei, Entwicklungsförderung und Erziehungspraktiken gegenüber ihren Kindern zu einer neuen, stimmigen Definition ihrer Elternrolle weiterzuentwickeln.
- Wo es gelingt, den Wert des tradierten Familienzusammenhalts zu erhalten und in die veränderten Lebensformen und Familienvorstellungen zu integrieren, stellt das eine beträchtliche Ressource dar.
- Selbstbewusstes Eintreten für neue Lebensmodelle, die die herkömmlichen Vorstellungswelten der Heimatkultur und der des Aufnahmelandes hinter sich lassen und den Anspruch haben, etwas Neues zu schaffen („hybride“ oder flexible Identität), was unsere Gesellschaft umgestaltet. Hierzu formuliert Uslucan: „Der bikulturell Sozialisierte, der einerseits Insiderwissen über

beide Kulturen besitzt, andererseits auch die Skepsis der Mehrheitsgesellschaft gegenüber Minderheiten am eigenen Leibe kennt, kann durch seine außergewöhnliche Position zu einem kompetenten Kritiker und Beurteiler der dominanten Kultur – natürlich auch der eigenen – werden. [...] Eine flexible Identität, so lässt sich das Paradoxon resümieren, ist sowohl Voraussetzung, um bikulturelle Erfahrung als Entwicklungschance zu nutzen, als auch erst Folgeprodukt einer gelingender Migration und Integration " (Uslucan 2011, S. 560).

– In einem natürlichen familiären Umfeld bilingual oder mehrsprachig aufzuwachsen, stellt für Kinder aus Migrationsfamilien eine bedeutsame Ressource dar, wodurch sie z.B. im Bereich der Intelligenz und der kognitiven Stile Überlegenheit gegenüber monolingual aufgewachsenen Kindern erzielen. „Bilingual erzogene Kinder neigen weniger dazu, Begriff und Referent zu verwechseln, die Differenz zwischen Wort und Gegenstand ist ihnen also eher gegenwärtig, weil sie durch ihre Zweisprachigkeit eher eine gewisse Distanz zur eigenen und der erworbenen Sprache entwickeln und so erkennen, dass sprachliche Symbole für die Bezeichnung von Gegenständen auswechselbar sind " (ebd., S. 562). Das bedeutet, dass Mehrsprachigkeit weit mehr als die reine Sprachkompetenz impliziert. „Die allgemeine kognitive und sprachliche Entwicklung verläuft in enger Interdependenz mit der kulturspezifischen und sprachspezifischen Interaktion mit der Umwelt. Die Erstsprache eines Kindes prägt sowohl sein sprachliches Wissen als auch sein Weltwissen einschließlich seiner Annahmen, Gedanken und Äußerungen " (Scharff Rethfeldt 2013, S. 34). Bilingualität und Mehrsprachigkeit sind Qualifikationsmerkmale, die in der hiesigen Wirtschaft verstärkt nachgefragt werden, aber auch berufliche Perspektiven in anderen Ländern eröffnen, was bisweilen auch den Herkunftsländern der Einwanderer wieder zugutekommt.

Mehrsprachigkeit in der Alltagspraxis

Da gerade in Städten mit hohem Anteil von Kindern und Jugendlichen mit Migrationshintergrund die Zahl derer, die zwei- oder mehrsprachig aufwachsen, sehr hoch ist, sollten die Beratungsfachkräfte über die verschiedenen Aspekte von Mehrsprachigkeit informiert sein und mit Familien bei Bedarf Strategien für die Sprachpraxis erarbeiten bzw. modifizieren können. Kinder aus eher bildungsfernen Elternhäusern entwickeln ihre Sprachkompetenzen oft nicht altersgerecht, Zwei- oder Mehrsprachigkeit wird nicht systematisch gefördert, sondern ‚geschieht' ungeplant. Dagegen betont Montanari: „Wenn Eltern darüber nachdenken, wie sie mit den Kindern reden, dann lernen diese besser" (Montanari 2008, S. 50). Offensichtlich wird Mehrsprachigkeit in der Familie durch klare Regeln erheblich gefördert (Montanari 2010, S. 31–37), z. B.:

- Eine Person – eine Sprache: Jeder Elternteil spricht mit dem Kind konsequent in (s)einer Sprache. Ein lange bekanntes Prinzip, das allerdings darauf angewiesen ist, dass beide Sprachrepräsentanten umfassend Zeit und Gelegenheit haben, in der Sprache mit dem Kind zu sprechen, zu spielen, ihm vorzulesen usw. Das gilt besonders für den Elternteil, der die „Minderheitenposition" vertritt.
- Familiensprache – Umgebungssprache: In der Familie wird eine andere Sprache gesprochen als in der Umgebung (Schule, Kita, soziales Umfeld). Auch das kann gut funktionieren, auch wenn es in der Kommunikation mit Verwandten, Freunden und sozialem Umfeld bisweilen zu Irritationen führt.
- „Der erste Satz zählt": Die Sprache, die zu Gesprächsbeginn eingesetzt wird, wird während des weiteren Gesprächs beibehalten. Voraussetzung ist, dass beide Elternteile die jeweiligen Sprachen beherrschen und darauf geachtet wird, dass nicht eine Sprache schleichend die dominante wird.
- Situationsabhängige Sprachtrennung: Hier spielen die jeweiligen Lebensumstände der Familien eine Rolle, z. B. Wochenendsprache vs. Werktagssprache, wenn ein Elternteil nur am Wochenende präsent ist. Oder die Schulsprache in Abgrenzung von der Familienalltagssprache. Auch thematische Sprachtrennungen sind möglich: Intimsprache, Sprache für komplexe Fragestellungen etc.

Montanari führt weiter aus, dass es keine eindeutige Präferenz für eine Strategie geben kann, jede kann erfolgreich sein. Allerdings muss die Entscheidung für eine Strategie aus nachvollziehbaren Gründen dauerhaft sein und sollte nur bei anhaltenden Schwierigkeiten und bei nachhaltiger Veränderung der Lebensumstände verändert werden. Wichtig ist, dass die Familienmitglieder sich mit ihrer Form der Mehrsprachigkeit wohl fühlen und dass kein Familienmitglied ausgeschlossen wird. Außerdem sollten die Sprachrepräsentanten ihre Sprache gut beherrschen und sich um gleichmäßige Sprachanregungen bemühen.

Die Ressourcen von Migrationsfamilien zu erkennen und zu berücksichtigen, bedeutet auch einen radikalen Perspektivenwechsel. Yildiz plädiert unter dem Titel „Postmigrantische Perspektiven" dafür, „Geschichte aus der Sicht der Migration neu zu erzählen und dabei ihre gesellschaftsbewegende Kraft und Dynamik nicht aus dem Auge zu verlieren. [...] Menschen, die als sogenannte Gastarbeiter Anfang der 1960er-Jahre nach Deutschland, Österreich oder in die Schweiz kamen, sind – wie aus alten Dokumenten unschwer zu erkennen – als Pioniere einer Transnationalisierung vor Ort zu betrachten" (Yildiz 2017, S. 56).

Migration ist also durchaus als positiver Wirkfaktor gesellschaftlicher Entwicklung und als Auslöser für einen grundlegenden Wandel des Selbstverständnisses in der Gesellschaft zu betrachten.

Niedrige Zugangsschwelle und gute Kommunikation als Basis der Beratung

Zunächst geht es in diesem Kapitel um den möglichst niedrigschwelligen Zugang der Migrationsfamilien zur Erziehungsberatung bzw. allgemein zur psychosozialen Beratung. Danach wird die zentrale Frage der gelingenden sprachlichen und non-verbalen Kommunikation zwischen Klient/in und Berater/in behandelt. Da gerade die Beratung mit Sprachmittler/innen immer häufiger in Beratungsstellen vorkommt, aber auch einen tiefen Eingriff in das Setting und in den Prozessverlauf der Beratung darstellt, wird diese Thematik mehr Raum einnehmen.

Verringerung der Zugangsschwellen für Migrationsfamilien

Den folgenden Ausführungen liegt für die Erziehungsberatung als Hilfe zur Erziehung eine Annahme zugrunde: Es ist Aufgabe Institutioneller Erziehungsberatung, eine *bedarfsgerechte Versorgung* von Kindern, Jugendlichen, Eltern und Familien unabhängig von Herkunft, Schichtzugehörigkeit und Status so weit wie möglich sicherzustellen. Das SGB VIII kann in diesem Sinne verstanden werden. Dort wird formuliert: „Jugendhilfe soll zur Verwirklichung des Rechts (…) junge Menschen in ihrer individuellen und sozialen Entwicklung fördern und dazu beitragen, Benachteiligungen zu vermeiden oder abzubauen (…).“ (§ 1 SGB VIII) Und weiter: „Bei der Ausgestaltung der Leistungen und der Erfüllung der Aufgaben sind (...) die jeweiligen besonderen sozialen und kulturellen Bedürfnisse und Eigenarten junger Menschen und ihrer Familien zu berücksichtigen“ (§ 9 SGB VIII).

Aber auch bei anderen Formen der Beratung dürfte es dem Selbstverständnis der Beratungsfachkräfte entsprechen, dass das Beratungsangebot diejenigen Personen, Familien, Systeme gut erreichen sollte, deren Bedarf an qualifizierter Beratung als besonders hoch anzusehen ist.

Voraussetzung für eine angemessene Versorgung von Migrationsfamilien ist eine migrationsspezifische Bedarfserhebung vor Ort. In Beratungsstellen, die sozialräumlich orientiert tätig sind, wird das Wissen vorhanden sein, in welchen Orten, Stadtteilen oder Straßenzügen Migrationsfamilien wohnen. Allerdings ist oft unbekannt, wo genau Menschen welcher Herkunft leben, wie sie im Sozialraum verankert sind, in welchen familiären oder sozialen Kontexten sie leben. Kooperieren Beratungsstellen eng mit Schulen und Kindertagesstätten, werden die Beraterinnen auch auf diesem Weg viel über die Besonderheiten vor Ort erfahren, weil gerade Schule und Kita Orte sind, wo Migrant/innen ihrem Bevölkerungsanteil entsprechend repräsentiert sind. In der Regel sind über die Meldestellen Daten von Ausländern im jeweiligen Einzugsbereich ausfindig zu machen. Um aber mehr über die Zusammensetzung der Bevölkerung (vor allem auch Deutsche mit Migrationshintergrund) über deren Bedarfe, über besondere Anliegen und Problemlagen (Wohn- und Beschäftigungssituation, Verfügbarkeit von Betreuungsplätzen etc.) der Migrationsfamilien vor Ort zu erfahren, bedarf es differenzierter Erkundungen seitens der Beratungsdienste. Auch hier bieten sich Schulen und Kindertagesstätten als Institutionen der Grundversorgung an, ebenso Meldestellen, Jugendamt und die lokalen politischen Organe.

Welche Informationen benötigt die Beratungsstelle, um Migrationsfamilien angemessen ihre Unterstützung anbieten zu können?

- Es muss bekannt sein, an welchen Orten und in welchen Ortsteilen welche Migrantenpopulationen vorhanden sind.
- Es sind Informationen notwendig darüber, ob es sich vorwiegend um Menschen handelt, die erst kürzlich eingewandert bzw. an diesen Ort gekommen sind oder um Migrationsfami-

lien, die möglicherweise schon in zweiter oder dritter Generation ansässig sind. Aus der Beantwortung dieser Fragestellungen ist bereits erkennbar, wie hoch möglicherweise der Bedarf an muttersprachlichen Kooperationspartner/innen, Sprachmittler/innen oder Berater/innen sein wird.
- Darüber hinaus lässt sich über diese Kooperationspartner/innen in Erfahrung bringen, wie das Zusammenleben der verschiedenen Bevölkerungsgruppen in dem betreffenden Sozialraum funktioniert, welche prägnanten Merkmale des Zusammenlebens (Ressourcen wie auch Risikofaktoren) vorhanden sind.

Diese sozialräumliche Datenerhebung erleichtert es der Beratungsstelle, einen differenzierten Zugang zu Migrantengruppen zu planen und gezielt Kontakte zu Institutionen, die für sie wichtig sind (z. B. Kirchengemeinden bestimmter Sprachen, Moscheen-Gemeinden, Lehrer/innen im muttersprachlichen Unterricht, Migrantenselbstorganisationen, Sportvereine mit besonderen Migrationsschwerpunkten usw.), zu knüpfen.

Für Beratungseinrichtungen, die für einen großen Einzugsbereich oder eine große Fläche zuständig sind, ist es oft schwieriger und aufwändiger, das Datenmaterial zusammenzutragen. Aber die genannten Zugangswege sind auch hier tragfähig.

Aufgrund der erhobenen Sozialdaten lässt sich genauer planen, wie Kontakte der Beratungsstelle zur potenziellen Klientel aufgebaut oder intensiviert werden können. Zum Beispiel können über Elternabende in der Schule Informationen über die Erziehungsberatungsstelle weitergegeben werden, Berater/innen könnten zu themenspezifischen Fragestellungen in der Schule oder in der Kita auftreten und so auch das Angebot der Erziehungsberatung bekannt machen. Solche Schritte erleichtern erheblich die Kontaktaufnahme zu Migrationsfamilien und helfen zuverlässig, Widerstände und Fremdheitsgefühle abzubauen.

Wenn möglich und sinnvoll, ist es auch denkbar, Beratungsangebote im sozialen Nahbereich der Klient/innen vorzuhalten, also beispielsweise ein Erstgespräch in der Kindertagesstätte oder in der Flüchtlingsunterkunft durchzuführen oder Beratungssprechstunden in der Schule anzubieten.

BEISPIEL SCHULTÜTENAKTION

Die Beratungsstelle des IFZ führt in dem Stadtteil, in dem sie ansässig ist, jedes Jahr die „Schultüten-Aktionen" durch. Am ersten Elternabend der ersten Klassen aller Grundschulen im Stadtteil treten Vertreter/innen der Beratungsstelle auf, geben Informationen und verteilen an alle Eltern Schultüten. Diese Tüten enthalten kleine Gegenstände, die in symbolischer Form Elternkompetenzen darstellen, die diese gut für den bevorstehenden Schulalltag ihrer Kinder gebrauchen können (z. B. ein „Schweinsöhrchen" als Symbol für gutes Zuhören, ein Teebeutel für Entspannung. Mehr Materialien zu der Schultütenaktion im Online-Supplement). Natürlich sind die „Geschenke" auch Zeichen der Wertschätzung und der Anerkennung der Erziehungsleistung der Eltern.

Selbstverständlich richtet sich die Schultütenaktion an alle Eltern, aber besonders im Kontakt mit Migrationseltern hat sie sich als hilfreich erwiesen, den Bekanntheitsgrad der Beratungsstelle zu erhöhen und Zugangshemmnisse wirkungsvoll abzubauen. Sie erfahren an den Elternabenden zwanglos mehr über die Funktion und Arbeitsweise der Beratungsstelle, die Fragestellungen, die dort bearbeitet werden, und auch über die unterschiedlichen Sprachen, die in der Beratungsstelle vorgehalten werden. Immer wieder melden sich Migranteneltern in der Beratungsstelle an und beziehen sich auf die Schultütenaktion in der Schule.

Bedarfsgerechte Versorgung zugewanderter Familien sicherzustellen, ist ein hoher Anspruch, dem zu genügen nur ansatzweise gelingen wird. Denn die jeweils aktuellen Migrationsströme sind kaum planbar, wie die Zuwanderung von geflüchteten Menschen 2014/2015 deutlich gezeigt hat. Darauf angemessen auch in der Personalentwicklung zu reagieren, ist nicht möglich. Aber im Sozialraum überhaupt einmal zu erheben, welche Immigrantengruppen besonders häufig anzutreffen sind, welche Bedarfe sie haben, wie man am besten mit ihnen in Kontakt kommen kann und welche Angebote für sie attraktiv sein könnten, ist sicher außerordentlich hilfreich und zielt in die Richtung einer bedarfsgerechten Versorgung.

Es wurde bereits darauf hingewiesen, dass psychosoziale Beratung, die der Erziehungsberatungsstellen eingeschlossen, vielen Migrationseltern unbekannt ist. Den Bekanntheitsgrad zu erhöhen ist in jedem Falle sinnvoll. Aber insbesondere dann, wenn die Beratungsstelle bemüht ist, sich Migrationsfamilien in besonderer Weise zu öffnen (beispielsweise durch muttersprachliche oder spezifische präventive Angebote), muss dies den betreffenden Bevölkerungsgruppen wie auch Multiplikatoren in Schule, Kitas und Ämtern bekannt, muss diese Besonderheit von außen erkennbar sein. Informationsmaterial über die Beratungsstelle in verschiedenen Sprachen kann hilfreich sein, sollte jedoch auch den klaren Hinweis enthalten, ob und in welcher Weise die Beratungsstelle eine Verständigung in der jeweiligen Sprache ermöglicht. Ansonsten werden Erwartungen und Hoffnungen geweckt, die nicht eingehalten werden können.

Das Internet wird von Migrant/innen immer intensiver genutzt, weil auf diesem Weg Verbindungen zum Herkunftsland, zur Muttersprache und zur Heimatregion geschaffen und aufrechterhalten werden. Auch Beratung in Familien- und Lebensfragen wird so abgerufen, was nicht immer hilfreich ist, weil Beratungsangebote (z. B. aus dem Herkunftsland), die mit dem Alltagskontext der Ratsuchenden möglicherweise wenig zu tun haben, nicht zielführend sind. Internetauftritte der Beratungsstellen oder ihrer Träger, die auf Beratungsangebote hinweisen und der Steigerung des Bekanntheitsgrades der Beratungsstelle dienen, weisen auf die Möglichkeiten vor Ort hin und geben einen Überblick.

Klick-Test

Schlüpfen Sie doch einmal in die Rolle von Ratsuchenden mit Migrationshintergrund. Wenn Sie die Website Ihrer Beratungsstelle, Ihres Trägers oder einer anderen Institution aufrufen, wie viele Klicks brauchen Sie, bis Sie einen Hinweis auf für Migrant/innen relevante Angebote erhalten? Wie verständlich sind sie dargestellt? Werden Seiten in verschiedenen Sprachen vorgehalten? Ist das deutlich und rasch erkennbar? Gibt es aus Ihrer Sicht Verbesserungspotenziale?

So wichtig schriftliches Informationsmaterial und digitale Informationsquellen sein mögen, ein großer Teil der Zielgruppe ist noch besser auf anderem Wege zu erreichen: über eigene Anschauung und Erfahrung (also beispielsweise Kontakte in der Kita, im Elternabend der Schule oder beim Stadtteilfest) und Mund-zu-Mund-Propaganda. Der Nachbar oder die beste Freundin, die bereits gute Erfahrungen in der Beratungsstelle gemacht haben, andere Kinder, die dort schon mal eine Gruppe mitgemacht haben, die Lehrerin oder der Kinderarzt, die auf vertrauensvolle Kooperation mit der Beratungsstelle verweisen können – sie ebnen am leichtesten den Weg. Denn sehr viele Migrationsfamilien haben einen Erfahrungsschatz, der stärker auf Gesprächskultur basiert als auf schriftlicher Dokumentation.

Interkulturell kompetente Institutionen sollten ihre Aufmerksamkeit nicht nur auf eine migrationsspezifische Bedarfserhebung vor Ort richten, sondern sollten die Erhebung der Bedarfsentwicklung im Rahmen ihrer Leistungsvereinbarungen mit dem öffentlichen Träger, z. B. der Jugendhilfe verankern.

In der Praxis sehr bewährt hat sich auch ein interkultureller Kalender, der vor allem die Fest- und Feiertage der verschiedenen Religionen darstellt (nähere Angaben hierzu in den Online-Materialien). Im Beratungsalltag kann das sehr hilfreich sein, weil Menschen an ihren hohen Festtagen bestimmt nicht gerne in die Beratungsstelle kommen und oft erstaunt und erfreut darauf reagieren, wenn die Fachkraft davon weiß und darauf Rücksicht nimmt. Sicher sind praktizierende Moslems während des Fastenmonats gerade bei späten Terminen weniger aufnahmefähig als sonst. Hausbesuche in der Zeit des Ramadan wirken eher unangebracht, schon weil Fastende selbstverständlich etwas zum Verzehr anbieten würden, was sie selber nicht verzehren dürfen. Aber auch hier gilt es zu beachten, dass Gesten des Entgegenkommens gegenüber religiösen Gepflogenheiten unpassend sind bei säkular und nicht religiös geprägten Menschen.

Schaffen einer Willkommensatmosphäre

Eine Beratungsstelle ist ein Ort, an dem Ratsuchenden professionelle Unterstützung in ihren erzieherischen, familiären und psychosozialen Anliegen zukommen soll. Das erfordert einen Rahmen, der sachlich und neutral wirken sollte, aber auch so ansprechend für die Ratsuchenden gestaltet sein sollte, dass sie sich wohl fühlen und eine offene, warme, Vertrauen erweckende Atmosphäre spüren. Das gilt selbstverständlich für alle Klienten, ganz gleich, welchen Hintergrund sie mitbringen. Zudem muss die Gestaltung der Räumlichkeiten natürlich auch den Bedürfnissen der Fachkräfte in Beratung und Sekretariat gerecht werden, die in diesen Räumen weit mehr Zeit verbringen als die Ratsuchenden.

Wenn man sich vergegenwärtigt, dass aber gerade Menschen, die diese Einrichtung nicht kennen, die Angst haben vor fremden Institutionen und davor, persönliche, familiäre, intime Themen anzusprechen, möglicherweise einen Anschub brauchen, um den Schritt in die Beratungseinrichtung zu wagen, wird deutlich, dass solche gestalterisch-atmosphärischen Fragestellungen keineswegs banal oder nebensächlich sind.

In der Beratungseinrichtung des IFZ in Frankfurt konnten jahrzehntelang Erfahrungen gesammelt werden, die sich für die Beratungsarbeit mit Menschen *mit und ohne Migrationshintergrund* als hilfreich erwiesen haben. Übertragbar sind diese Erfahrungen sicher nicht überall hin. Es sind Kreativität und Gestaltungswille vor Ort gefragt!

Für Menschen mit Migrationshintergrund entwickeln Zeichen des Wiedererkennens von etwas, was sie als zu sich gehörend empfinden, oft eine besondere Anziehungskraft, z.B. auch Länderfahnen.

BEISPIEL LÄNDERFLAGGEN

Das Stammhaus des IFZ ist mit kleinen Länderflaggen verschiedenster Nationen (auch Deutschlands) geschmückt. In der internen Diskussion war das immer etwas umstritten wegen der Hervorhebung nationaler Zugehörigkeiten, die eher nicht unseren Vorstellungen entspricht. Auch kann das Nationalitätenkonflikte provozieren. (Wenn man eine kroatische Fahne aufhängt, dann aber bitte auch eine serbische, bosnische, montenegrinische oder mazedonische, was wiederum viele Griechen als anstößig empfänden.) Gleichwohl: Viele Klient/innen definieren sich, auch ohne nationalistische Allüren, über ihre nationale Herkunft und freuen sich, wenn „ihre" Flagge zu sehen ist, oder bringen gar eine Flagge ihres Heimatlandes vorbei. Vor Ort hat sich das Konzept bewährt: Das IFZ-Haus ist das „Haus mit den Fähnchen" und wird so auch von Menschen, die zum ersten Mal kommen, rasch erkannt. Wichtig ist, dass nicht einzelne Nationalitäten hervorgehoben werden, sondern die Buntheit und Vielfalt.

Vielsprachige Zeichen den Willkommenheißens sind inzwischen sehr beliebt und schon fast Teil der Alltagskultur. Sie begegnen einem als Schrift- oder Bildplakate, Kalender, Fußabtreter, Kaffeebecher und Vieles mehr. Das wirkt am besten, wenn es nicht kitschig, banal oder anbiedernd erscheint, sondern anregend.

BEISPIELE FÜR ANREGENDE GESTALTUNGSMÖGLICHKEITEN

In der Beratungsstelle des IFZ hängt seit vielen Jahren ein Plakat mit vielen bunten Willkommensgrüßen in zahlreichen Sprachen und Schriftbildern. Das war im Wartebereich der Beratungsstelle immer ein Eyecatcher, vor dem Eltern und Kinder gebannt standen, fasziniert von der Vielzahl der Sprachen und Schriften oder auch konzentriert suchend nach der „eigenen" Begrüßungsfloskel.
Anregend, weil oft verstörend, sind auch „Upside-Down"-Weltkarten oder die PETERS-Weltkarten, die völlig andere Perspektiven als die hier üblichen Mercator-Karten präsentieren und dadurch die Normalität unserer eurozentrischen Weltsicht irritieren und infrage stellen.
Im Arbeitszimmer des Autors hingen u. a. einige größere Fotos von einer Bildungsreise durch Marokko, darunter z. B. das Bild der Lederfärbereien in Fes. Die Bilder sprachen nicht nur aus Marokko stammende Ratsuchende besonders an, sondern auch insbesondere Kinder jedweder Herkunft. Sie waren sehr neugierig, mehr über die Färberei und das Umfeld der Darstellungen zu erfahren. Das Interesse daran war so groß, dass einige Kinder nach einem Umzug der Beratungsstelle darauf bestanden, dass im neuen Arbeitszimmer wieder dieselben Bilder aufgehängt werden. Das war kein Problem, weil ich selber die Bilder gerne anschaue und deren persönlicher Bezug gut in die Gesamtatmosphäre des Arbeitsraums passte.

Landkarten verschiedener Länder können auch gute Dienste leisten, nicht nur als Wanddekoration, sondern auch als Impuls, wenn es darum geht, sich von Familien oder Kindern zeigen zu lassen, wo die Großeltern leben, wo man die Sommerferien verbringt oder wo man die Kindheit verbracht hat. Auch die Wanderungsbewegung einer Familie oder eine Fluchtroute können so dargestellt werden. Landkarten (an der Wand oder im Schrank) gehören daher unbedingt ins Inventar der Beratungsstelle. Das Interesse der Beratungsperson an Herkunft und Migrationsgeschichte kann oft sehr hilfreich sein für den Beziehungsaufbau, aber natürlich nur, wenn es inhaltlich passt und das Eingehen auf die Migrations- oder Fluchtgeschichte situationsangemessen erscheint.

In der Gestaltung der Beratungsräume und des Sekretariats sind die Bedürfnisse der Menschen, die darin arbeiten, vorrangig zu berücksichtigen. Aber möglicherweise lassen sich deren Geschmack und Vorlieben auch mit Sichtweisen der Klientel in Übereinstimmung bringen. ‚Eyecatcher', die man auch selber gerne anschaut, können Fotos, Bilder, Grafiken, Bild- und figürliche Ornamente und ‚Nippes' sein, zu denen die Klient/innen möglicherweise ganz eigene Bezüge haben. Es geht dabei nicht um eine anbiedernde ‚Folklorisierung' der Arbeitsräume oder um Selbstdarstellung der eigenen Weltoffenheit, eher um dezente, Assoziationen weckende, anregende Gestaltungselemente.

WEITERE BEISPIELE FÜR KULTURSENSIBLES GESTALTEN

In der Beratungsstelle des IFZ müssen sich mehrere Mitarbeiter/innen jeweils ein Zimmer teilen, natürlich zu unterschiedlichen Zeiten. Die Frage, wie ein neu einzurichtender Raum für türkischstämmige und spanische Ratsuchende (natürlich auch für die Mitarbeiter/innen) ansprechend zu gestalten sei, wurde zwischen den Fachkräften diskutiert und dann gemeinsam mit der Leitung in einem Bilderladen nach Sichtung der Plakate entschieden. (Es war dann ein Bild von Macke aus der Tunis-Reise, das im Übrigen auch Fantasien und Sehnsüchte bei Deutschen auslöst.) Dieser Diskussionsprozess scheint banal zu sein, ist aber beispielgebend für kultursensibles Handeln, weil er

von den Sichtweisen und Bedürfnissen der Nutzer her denkt und diese ernst nimmt. Die anderen Teammitglieder fanden die Wahl passend, die Ratsuchenden fühlten sich in den Räumen wohl.
Migrationsfamilien, die sich in der Beratung angenommen fühlen, bringen gelegentlich auch Andenken, Mitbringsel aus ihrem Heimat- oder Urlaubsort als Geschenk für die/den Berater/in mit. Diese Geste wertzuschätzen und das Geschenk anzunehmen ist wichtig, selbst wenn es nicht in den Raum passt und man nicht direkt eine Verwendung dafür hat. Die Lösung der Beratungsstelle im IFZ war eine Vitrine im Wartebereich, in der die (meist folkloristischen) Mitbringsel ausgestellt werden. So wird das Geschenk gewürdigt (es wird ausgestellt) und es wir dem persönlichen Bezug zwischen Klient/in und Berater/in etwas entrückt, weil es im öffentlichen Bereich der Stelle gezeigt wird (, was ja auch eine Auszeichnung ist). So kann ein neuer Eyecatcher wachsen, der die Wartenden inspirieren kann.

Für den Wartebereich der Beratungseinrichtung ist es angemessen, wenn auch fremdsprachige Informationen über die Beratungsstelle und deren Arbeitsweise (z. B. Verschwiegenheitspflicht) sowie Prospekte und Informationsmaterialien in anderen Sprachen verfügbar sind oder Kinderbücher in Sprachen stark frequentierter Sprachbereiche ausliegen. Die Spielecke im Wartebereich oder in Beratungszimmern oder der Spieltherapieraum der Beratungsstelle können daraufhin überprüft werden, ob das vorhandene Spielmaterial der Diversität der Klientel entspricht und die Ausstattung hinreichend kultursensibel ist. Der Verband binationaler Familien und Partnerschaften gibt unter dem Titel „Das Interkulturelle Spielzimmer“ viele hilfreiche Hinweise (näheres dazu in den Online-Materialien). Auch das ist ein Zeichen der Wertschätzung und der Berücksichtigung der besonderen Interessenlage von Migrationsfamilien.

Wenn im Sekretariat der Beratungseinrichtung Adressen und Kontaktdaten von Institutionen gesammelt und vorgehalten werden, die für Rat suchende Migrationsfamilien hilfreich und wichtig sein können, hat das ebenfalls eine positive Signalwirkung. Das sind z. B.:

- Migrations- und Flüchtlingsberatungsdienste, Migrationsbeauftragte der Kommune

- Konsularische Vertretungen
- Bildungseinrichtungen, die Sprach- und Alphabetisierungskurse anbieten
- Adressen von psychosozialen Beratungsstellen, Ärzten und Psychotherapeuten mit spezifischen Sprachkompetenzen
- mehrsprachige Kitas;
- Schulen mit muttersprachlichen Unterrichtseinheiten
- Schulen mit unterschiedlichen Fremdsprachenprofilen
- Kulturinstitute, Kulturvereine, Migrantenselbstorganisationen etc.
- Informationen über (evtl. auch fremdsprachige) Rechtsanwälte, besonders in den Themenkomplexen Ausländer- und Familienrecht.

Ein mehrfach schon angesprochener Arbeitsansatz besteht darin, auf Kommunikationsmuster, Rituale und Gesten, die den Migrationsfamilien geläufig, ja selbstverständlich sind, einzugehen und auf diese Weise eine Verbindung herzustellen. Das kann sicher nicht in jeder Beratungsstelle praktiziert werden, es mag auch mancher Fachkraft widerstreben und zu weit gehen, weil es auch gute Gründe dafür geben kann, mehr professionelle Distanz zu wahren. In der Beratungsstelle des IFZ ist es üblich, den Besucher/innen Wasser, Tee aus dem Samowar oder Kaffee anbieten zu können. Es ist dies eine Geste des Willkommenheißens, die von *allen* Klient/innen wahrgenommen und als solche verstanden wird, auch von den deutschen.

Es scheint, als könnten die Menschen ohne Migrationshintergrund von den Migrationsfamilien, was die Bedeutung von Gesten der Wertschätzung und kleinen Kommunikationsangeboten angeht, noch Einiges lernen.

Gute Kommunikation als Basis der Beratung

Kommunikation über Sprache ist das wichtigste Instrument, das uns in der Beratung zur Verfügung steht. Demgemäß ist es von großer Bedeutung, gelingender sprachlicher Kommunikation in der Beratung große Aufmerksamkeit zu widmen. Wie schon betont, ist es Aufgabe der Institution und der einzelnen Berater/innen, die gute sprachliche Kommunikation sicherzustellen.

Deutsch als Verkehrssprache

Das Deutsche ist die übliche Kommunikationssprache in unseren Beratungsstellen. Und für Migrationsklientel ist es auch eine Selbstverständlichkeit, dass Deutsch die Brückensprache ist, in der man sich mit Vertreter/innen der Mehrheitsgesellschaft und mit Migrant/innen anderer Herkunft verständigt.

Da in den meisten Beratungsstellen fremdsprachige Berater/innen oder Sprachmittler/innen nicht unmittelbar zur Verfügung stehen, wird die Kontaktaufnahme im Sekretariat oder im Erstgespräch auch die Klärung beinhalten, ob die Beratung in deutscher Sprache durchgeführt werden kann. Von den Fachkräften ist zu erwarten, dass sie sorgsam auf die deutschen Sprachkompetenzen der Kommunikationspartner/innen achten, sich in ihrem Sprachduktus darauf einstellen und ihre Sprache vereinfachen, ohne die zu kommunizierenden Inhalte unangemessen zu banalisieren. Über die Verständigung hinaus stellt Sprache natürlich auch ein Beziehungsangebot dar, das so gestaltet werden kann, dass das Herstellen einer guten Arbeitsbeziehung erleichtert wird.

Einige Hinweise für die Praxis

- Begrüßung und Abschiednehmen sind wichtige Elemente der Begegnung, die in vielen Sprachen und Kulturen besonders hervorgehoben werden. Hierzulande werden Anfangs- und Endpunkt der Kommunikation sprachlich häufig marginalisiert, was auf Menschen anderer Herkunft oft herablassend oder kühl wirkt. Es lohnt sich, Begrüßung und Abschied mehr Aufmerksamkeit zu schenken und Gewicht zu verleihen und dabei das Kommunikationsverhalten der Gesprächspartner/innen stärker zu beachten und darauf einzugehen. Das gilt im Übrigen nicht nur für Migrationsklientel.
- Viele Namen in anderen Sprachen klingen für deutsche Ohren fremdartig, ungewohnt: Laute werden anders ausgesprochen als geschrieben, es tauchen Buchstaben oder Lautverbindungen auf, die die deutsche Sprache nicht kennt. Das Bemühen der Berater/innen, Namen korrekt auszusprechen, kann ein guter Türöffner sein für den Gesprächsverlauf. Es signalisiert Interesse am anderen, offenbart aber auch die Schwierigkeiten, die man dabei haben kann, appelliert an die Unterstützungsbereitschaft des Gegenübers und ist so schon beinahe ein Modell für eine gute Gesprächsentwicklung.

  Aber Achtung: Im Verlauf der Migrationsgeschichte werden immer mehr „fremde“ Namen von den Namensträger/innen eingedeutscht, sei es aus der Erfahrung heraus, dass die Umgebung nicht bereit oder in der Lage ist, den Namen richtig auszusprechen, oder als Zeichen hoher Akkulturationsbereitschaft. Auch dem müssen wir Rechnung tragen. In jedem Fall bestimmen die Klient/innen die Namensgestaltung.
- Klare Sprache mit Vermeidung komplizierter Satzkonstruktionen erleichtert Menschen, die noch nicht sicher in der deutschen Sprache sind, die Verständigung. Die Regeln der leichten Sprache oder der einfachen Sprache zu verinnerlichen und nach ihnen zu handeln, ist dabei sehr hilfreich. Allerdings stellt

es immer wieder eine große Herausforderung dar, komplexe und komplizierte Sachverhalte in einfacher Sprache, dem Alltagsverständnis der Klientel angemessen, aber dennoch fachlich korrekt darzustellen. Das muss immer wieder neu erarbeitet und sollte vielleicht auch einmal im Team geübt werden. Aber in jedem Fall ist das Sprachniveau des Gegenüber jeweils zu berücksichtigen: Einen Menschen mit Migrationshintergrund, der über hoch differenzierte deutsche Sprachkompetenzen verfügt, mit leichter Sprache zu konfrontieren, kann natürlich auch ein aversiver Reiz sein.

Leichte Sprache – einfache Sprache

Leichte Sprache als Instrument, Menschen mit Einschränkungen oder mit reduzierten Deutschkenntnissen eine bessere Teilhabe zu ermöglichen, ist eine wichtige, oft noch vernachlässigte Aufgabe.

Merkmale leichter Sprache sind u. a.: kurze Sätze mit nur einer Aussage pro Satz, Vermeiden von Nebensatzkonstruktionen, Negationen, Passivform und Konjunktiv. Der Genitiv wird durch „von" mit Dativ ersetzt. Abkürzungen, Fremdwörter, abstrakte Begriffe und bildhafte Sprache werden vermieden, Wortzusammensetzungen in der schriftlichen Darstellung durch Bindestriche kenntlich gemacht.

Der Übergang von leichter zu einfacher Sprache ist fließend. Die Vereinfachungen bei der leichten Sprache sind aber grundlegender und wirken dadurch gegenüber der Alltagssprache künstlicher. Die Anforderungen an Leser und Hörer in der leichten Sprache liegen deutlich unter denen in der einfachen Sprache, die auf A2/B1-Niveau liegen.

Hörtipp: Hören Sie doch mal *Nachrichtenleicht* im Deutschlandfunk freitags um 20.04 Uhr oder hören Sie die Sendung im Internet nach. Der Kontrast zu den sonst gehörten Nachrichten wird da besonders gut erfahrbar, auch wenn die Inhalte korrekt vermittelt werden.

Zum Üben können Sie gerne einmal versuchen, das Leitbild Ihrer Beratungsstelle oder einen Test- oder Entwicklungsbericht in leichte (oder zumindest einfache) Sprache zu übertragen. Das ist wirklich sehr schwer.

- Stigmatisierend wirkende Sprachelemente (z. B. Verben nur im Infinitiv oder gar das Duzen) sind selbstverständlich unbedingt zu vermeiden.
- Prägnante, einfache Beispiele aus dem Lebensumfeld der Klienten können das Verständnis und den Gesprächsverlauf positiv beeinflussen.
- Ratsuchende aus Migrationsfamilien bringen aus ihrem Sprach- und Kulturkreis oft eigene Besonderheiten der Sprache (besonders bilderreiche, fabulierende Sprache, sprachliche Überhöhungen, Übertreibungen usw.) und der sprachbegleitenden Gestik mit. Das zu imitieren würde vermutlich lächerlich wirken und irritieren. Aber diese Besonderheiten zu erkennen und Elemente davon in den eigenen vertrauten Sprachstil zu integrieren, kann die Beratungsbeziehung sehr fördern. Bei besonders wortkargen Menschen dagegen besteht die Aufgabe der Beratungsfachkraft natürlich eher darin, den Sprachfluss animierende Strategien anzuwenden.
- Große Vorsicht ist geboten bei nicht eindeutigen Begriffen und Floskeln, Witzen und ironischen Bemerkungen: Sie operieren auf einer sprachlichen Metaebene und erfordern einen sehr souveränen Umgang mit der Sprache. Bisweilen genügt auch eine nicht erkannte Kontextvariable der Sprache, um kulturelle Missverständnisse zu schaffen.

BEISPIELE

Die beliebte Beraterfrage „Was kann ich für Sie tun?“ ist für uns im Kontext des Beratungssettings eindeutig. Klienten, die diesen Kontext nicht heraushören, werden möglicherweise ganz andere Wünsche formulieren.
Die Floskel „Wir holen die Menschen da ab, wo sie stehen“ ist natürlich auch nicht als Angebot eines Abholservice gedacht, kann aber so verstanden werden.
Ein besonders anrührendes Beispiel für kulturelle Missverständnisse in der Sprache: Eine nordafrikanische Klientin bedankte sich für die Beratung schriftlich mit einer Karte mit der Aufschrift „Danke für Ihre Anteilnahme“. Für sie war die Bedeutung des Begriffs „Anteilnahme“ wichtig und inhaltlich zutreffend, aber der Kontext Trauer und Kondolenz hatte sich ihr nicht erschlossen.

- Dass Menschen, die sich nicht fließend auf Deutsch ausdrücken können und sich zudem in einer ungewohnten, nicht vertrauten Gesprächssituation befinden, verunsichert sind und Hemmungen haben zu sprechen, ist nachvollziehbar. Umso wichtiger ist es, dass die Fachkraft vorhandene Sprachkenntnisse würdigt und die Klient/innen ermuntert Deutsch zu sprechen. Denn nicht selten sind ihre passiven, aber auch aktiven Sprachkompetenzen sehr viel größer als das Vertrauen der Betroffenen in die eigenen Sprachkompetenzen. Wertschätzende Anerkennung der Kenntnisse wirkt dann hilfreich, das Kompetenzvertrauen zu erhöhen.

Machen Sie den Selbsttest bei Ihrer nächsten Reise ins fremdsprachige Ausland: Gerade in Ländern, deren Sprachen international weniger verbreitet sind als Englisch, Französisch oder Spanisch, werden Reisende für die wenigen Sprachbrocken, die sie in der fremden Sprache von sich geben können, oft sehr gelobt und wertgeschätzt. Auch wenn die positiven Rückmeldungen oft maßlos übertrieben erscheinen, haben sie doch eine motivierende und Hemmungen reduzierende Wirkung.

- Umgekehrt sollte die Beratungsperson sprachliche Verständigungsprobleme unbedingt ansprechen, wertschätzend, aber klar die Verständnisschwierigkeit benennen und um einen neuen Erklärungsansatz bitten.
  Das ist nicht immer einfach, weil es das Gegenüber auch an einer empfindlichen Stelle treffen und zu größerer Verunsicherung führen kann. Daher gilt es behutsam zu formulieren, beispielsweise zu benennen, was man alles verstanden hat, was aber noch unklar blieb.

BEISPIEL

In Beratungen mit eingeschränkten sprachlichen Verständigungsmöglichkeiten kommt es immer wieder vor, dass Klienten mit einer Art Ja-Sage-Tendenz Aussagen der Beratungsperson bestätigen, obwohl ihnen deutlich anzumerken ist, dass sie den Äußerungen nicht folgen konnten. Die Hemmungen, Verständnisprobleme zu äußern, und Respekt gegenüber der Fachperson sind

aber oft so dominant, dass sie sich nicht dazu durchringen können, Verständnisschwierigkeiten auszudrücken.
Wenn seitens der Beratungsperson Verständnisprobleme benannt und Klärungsprozesse angeregt werden und man gemeinsam die Erfahrung machen kann, dass dies hilfreich und keineswegs ‚peinlich' ist, kann das im Sinnen des Modelllernens eine nachhaltige Anregung für künftiges Kommunikationsverhalten der Klient/innen darstellen.

– Manchmal können die Fachkräfte in der Beratung oder im Sekretariat Fremdheitsgefühle und Ängstlichkeit bei Ratsuchenden reduzieren, wenn sie einige Worte, Begrüßungs- oder Abschiedsfloskeln in der Sprache der Klient/innen sagen können, gerade wenn diese nur wenig oder gar kein Deutsch beherrschen. Dann wirkt diese Geste vertrauenerweckend und kommunikationsfördernd. Von Klienten ohne sprachliche Verständigungsschwierigkeiten, die sich nicht über ihren Migrationshintergrund definieren, kann dieselbe Geste wiederum auch als eher anbiedernd empfunden werden und letztlich aversiv wirken.
  Gleichwohl ist es auf Seiten der Träger eine Überlegung wert, ob man nicht beispielsweise einer Teamassistentin der Beratungsstelle den Besuch eines Sprachkurses in einer im Sozialraum stark frequentierten Sprache ermöglicht, damit sie einige Begrüßungsformen und basale Formulierungen in der fremden Sprache bei gegebenem Anlass im Sekretariat anwenden kann.

Muttersprachliche Beratung – Kommunikation ohne sprachliche Hindernisse

Muttersprachliche Beratung, damit ist die Beratung in der Heimatsprache der Klienten gemeint, ist natürlich für Migrationsfamilien ohne oder mit geringen Deutschkenntnissen ein Angebot, das Zugangsschwellen extrem senkt, weil es eine unmittelbare Kommunikation ohne Sprachmittler ermöglicht und – über die Sprache hinausgehend – zugleich suggeriert, dass ein besseres Verständnis von Werthaltungen und kulturellen Prägungen vorhanden ist. Muttersprachliche Berater/innen sind in der Regel für die Klientel Autoritätspersonen und genießen hohe Anerkennung, Wertschätzung und Achtung ihrer Fachlichkeit. Sicher werden sie als Repräsentant/innen der Institution und der Mehrheitsgesellschaft wahrgenommen, aber auch als Vertreter/innen der eigenen Herkunftskultur. Diese vielschichtige Brückenfunktion macht sie dann zudem als Gesprächspartner/innen attraktiv auch für Menschen mit Migrationshintergrund, die sich auf Deutsch gut verständigen können. Denn emotionale Inhalte, durch die Herkunftskultur geprägte Werthaltungen und Einstellungen, Belastungen aus der Familiengeschichte oder Prägungen durch Sozialisationsinstanzen der Herkunftsländer lassen sich offensichtlich oft leichter mit einer Fachperson besprechen, von der angenommen wird, dass sie damit vertraut ist.

BEISPIEL

Eine türkische Familie sucht die Beratungsstelle auf wegen des Stotterns eines Kindes. Sie spricht gut Deutsch, daher findet die Beratung mit einem deutschen Berater statt. Als es darum geht, die Ätiologie der Sprachstörung genauer zu erkunden, bittet der Vater des Kindes darum, die türkische Psychologin der Stelle hinzuzuziehen. Dieser erläutert er dann auf Türkisch, dass die Familie vermute, dass das Kind beim Urlaub in der Türkei vom bösen Blick eines missgünstigen Verwandten getroffen worden sei und deswegen stottere. Nachdem die türkische Psychologin dies übersetzt hat und die Familie sich versichern konnte, dass der Berater dieses Ätiologiemodell kennt und nicht negativ bewertet oder bespöttelt, kann der Beratungsprozess ohne die muttersprachliche Kollegin weitergeführt werden.

Dort wo muttersprachliche Fachkräfte Beratungen durchführen, ist die Akzeptanz seitens der Migrationsklientel deutlich erhöht, Zugangsschwellen werden gesenkt, eine bedarfsgerechtere Versorgung wird eher möglich. Darum sollten Träger diesen Aspekt in der Personalplanung besonders berücksichtigen und v.a. Muttersprachler/innen für Sprachen einstellen, die im Einzugsbereich der Beratungsstelle stark vertreten sind. Denn diese sprachliche Kompetenz ist eine wichtige und für die Beratungsarbeit hilfreiche zusätzliche Qualifikation, die entsprechend zu würdigen ist.

Gleichwohl können auch spezifische Schwierigkeiten in der muttersprachlichen Beratung auftauchen. So können Ratsuchende die sprachliche Verständigungsmöglichkeit als besondere Nähe interpretieren, Parteilichkeit in der Auseinandersetzung mit „den Deutschen" einfordern oder Verständnis erwarten für Einstellungen und Erziehungshaltungen, die nicht tolerierbar sind. Das bedeutet, dass die muttersprachlichen Fachkräfte das Thema Nähe und Distanz mit manchen Klienten in ganz anderer Weise bearbeiten müssen als ihre deutschen Fachkolleg/innen. (Zu Übertragungsphänomenen zwischen Klienten und einheimischen und ethnischen Therapeuten s. Erim 2009, S. 17–78.)

Die Sprache ist zudem oft genug auch in Migrationsfamilien etwas Trennendes: Deutsch und eine oder mehrere Herkunftssprachen werden durch verschiedene Familienmitglieder repräsentiert, nicht selten ist die gemeinsame Sprache in der Familie stark reduziert: Eltern sprechen ihre Heimatsprache, die Kinder untereinander Deutsch, gemeinsam wird ein Sprachgemisch gesprochen, in der einen Sprache gefragt, in der anderen geantwortet usw. Die Beratungssituation spiegelt die familiäre Sprachsituation wider, die Beratungsperson muss auf die unterschiedlichen Anforderungen der Familienmitglieder eingehen können.

Schon aus diesem Grund ist es unerlässlich, dass muttersprachliche Fachkräfte auch sehr gute deutsche Sprachkenntnisse haben. Gerade für Kinder und Jugendliche, die oft genug die Muttersprache der Eltern nur unzureichend beherrschen, ist es sehr entlastend, wenn sie mit der Beratungsperson auch auf Deutsch kommunizieren können.

Nicht zu vergessen ist, dass im Zuge der Globalisierung eine ganz neue sprachliche Variabilität in Erscheinung tritt, die noch zu wenig Beachtung findet. Deutsche Fachkräfte haben in anderen Ländern studiert und gearbeitet, Fachkräfte mit Migrationshintergrund bringen auch andere Sprachkompetenzen als ihre Muttersprache ein usw.

BEISPIEL

Als das IFZ im Jahr 2015 pädagogisches Personal für eine stationäre Einrichtung für unbegleitete minderjährige Flüchtlinge suchte, waren Grundbedingungen für die Einstellung Vorkenntnisse in der interkulturellen Arbeit und in möglichst mindestens einer Sprache außer Deutsch. Unter den gut 70 Bewerber/innen mit und ohne Migrationshintergrund (aus dem Bereich Pädagogik und Soziale Arbeit) waren insgesamt 35 unterschiedliche Sprachen repräsentiert. Das zeigt das riesige Potenzial, das vorhanden und auch auf dem Arbeitsmarkt verfügbar ist, allerdings regional sehr unterschiedlich verteilt. Das Ansehen des Trägers im Fachgebiet der interkulturellen sozialen und psychosozialen Arbeit könnte bei der außergewöhnlich hohen Nachfrage ebenfalls eine Rolle gespielt haben.

Aber Sprachkompetenz alleine reicht auch nicht aus: Kenntnis einer erlernten Fremdsprache (in Abgrenzung zur Muttersprache) muss nicht unbedingt bedeuten, dass auch die kulturelle Brückenfunktion von einem/einer Fremdsprachler/in in gleicher Weise erfüllt werden kann wie von einem/einer Muttersprachler/in oder dass die Akzeptanz seitens der Klientel trotz sprachlicher Verständigungsmöglichkeit jeweils die gleiche ist. Hier spielen über die Sprachkompetenz hinaus kommunikative Kompetenzen und andere Persönlichkeitsmerkmale der Fachkräfte eine bedeutsame Rolle. Umgekehrt bedeutet die Tatsache, dass eine Fachkraft einen Migrationshintergrund hat, auch nicht zwingend, dass bei ihr besondere interkulturelle Kompetenzen oder eine besondere Bereitschaft, mit Migrationsklientel zu arbeiten, vorliegen. Das hängt sehr von der individuellen Migrationsgeschichte und Lebensplanung der jeweiligen Fachperson ab. Warum sollte beispielsweise eine türkischstämmige Beraterin oder Psychotherapeutin auf ihre Herkunft und ihre türkischen Sprachkenntnisse fixiert werden, wenn sie lieber mit deutschsprachigen Klient/innen arbeiten möchte? Das würde letztlich bedeuten, sie auf ihren Migrationshintergrund zu fixieren – auch eine Form von Diskriminierung.

Die Erfahrungswerte zu der hier skizzierten Thematik sind noch sehr spärlich. In den Teamdiskussionen des interkulturellen Teams der Beratungsstelle des IFZ spielte sie aber immer wieder eine Rolle, wenn es um Neubesetzung von Stellen ging.

In der Beratungsarbeit muss in jedem Fall gewährleistet sein, dass Fachkräfte, die in verschiedenen Sprachen beraten, in jeder Sprache so fundierte Kenntnisse haben, dass sie der kommunikativen Komplexität und den fachlichen Anforderungen gerecht werden können. Denn der Beratungsprozess ist sprachlich weit anspruchsvoller und komplexer als eine Alltagssituation, die man auch mit reduziertem fremdsprachigem Sprachniveau bewältigen kann.

Beratungsarbeit mit Sprachmittler/innen

Arbeit mit Dolmetscher/innen bzw. Sprachmittler/innen ist seit langer Zeit Thema im fachlichen Diskurs in der psychosozialen Arbeit mit Migrant/innen. Seitdem geflüchtete Menschen in großer Zahl nach Deutschland gekommen sind und über das ganze Land verteilt wurden, sind überall auch Beratungseinrichtungen mit dem Thema konfrontiert, die zuvor recht wenig damit zu tun hatten und sich in die interkulturelle Beratung erst einarbeiten müssen.

Dolmetscher/innen – Sprachmittler/innen

„Dolmetscher sind für die Übertragung mündliche Texten andere Sprachen zuständig. [...] Ihre Leistung ermöglicht es, zu jeder Zeit und an jedem Ort mit Angehörigen anderer Sprachkulturen zu kommunizieren" (Snell-Hornby 2005, S. 2).

„Unter Dolmetschen verstehen wir die Translation eines einmalig (in der Regel mündlich) dargebotenen Textes der Ausgangssprache in einen nur bedingt kontrollierbaren und infolge Zeitmangels kaum korrigierbaren Text der Zielsprache" (ebd. S. 37).

„Übersetzer und Dolmetscher stehen vor der Aufgabe, gleichzeitig zwischen Sprachen und zwischen Kulturen zu vermitteln – sie sind somit interkulturelle Kommunikatoren par excellence. Das interdisziplinäre Forschungsgebiet *interkulturelle Kommunikation* ist für sie daher von offensichtlicher Bedeutung" (ebd. S. 112).

Die Beratung mit Sprachmittlung ist ein triadisches System, ein Beziehungssystem wechselseitiger Abhängigkeiten. Insbesondere ist die Kommunikation zwischen Berater/in und Klient/in abhängig von der Übersetzungsperson, die als einzige alles versteht und Zugang zu beiden getrennt voneinander existierenden Sprachsystemen hat (vgl. Kleefeldt 2017, S. 11). Gerade in der psychosozialen Beratung geht die Sprachvermittlung über eine reine Eins-zu-eins-Übersetzung hinaus, der kulturelle Kontext kann und soll nicht ausgeklammert werden. Daher werden Übersetzer/innen auch als Sprach- und Kulturmittler/innen bezeichnet. Das Ziel einer *neutralen* Übersetzung ist erstrebenswert, aber doch niemals vollständig erreichbar. Letztlich stellt diese Zielvorgabe eher die Vorstellung dar, die Komplexität einer hoch komplexen Kommunikationssituation zu reduzieren und zu „trivialisieren" (ebd. S. 15).

Das Wertesystem und die subjektive Haltung der Übersetzungsperson haben Einfluss darauf, wie übersetzt wird. Sie ist kein Übersetzungscomputer. „Das Zusammenarbeiten mit Sprachmittlern/Sprachmittlerinnen erfordert Absprachen in Bezug auf die Fragen, wie das Gesagte übersetzt (Vermittlungsweise und sprecherische Leistung), was wiedergegeben werden soll (Vermittlungsinhalt) und welche intrapsychischen Vorgänge sich auf die Sprachvermittlung auswirken" (Hadzic 2018, S. 42).

In der Regel wird sich bereits im Erstkontakt – im Sekretariat bei der Anmeldung oder im Erstgespräch der Fachkräfte – herausstellen, ob es notwendig und sinnvoll ist, eine/n Sprachmittler/in hinzuzuziehen. Denn es lässt sich rasch erkennen, wenn die Ratsuchenden mit dem Herstellen sprachlicher Kommunikation überfordert sind, weil sie des Deutschen nicht mächtig sind. Aber es empfiehlt sich in jedem Fall, dass die Beratungsperson die Kontaktaufnahme mit den Klient/innen auch sprachlich sucht, zum einen wegen eines positiven und offenen Joining, zum anderen, um sich selbst ein Bild von den deutschen Sprachkompetenzen der Klient/innen zu machen, selbst dann, wenn bereits ein/e Sprachmittler/in präsent ist.

Auswahl von Sprachmittler/innen

Die Beratungsstelle trägt die Verantwortung für eine gute sprachliche Vermittlung und dafür, dass geeignete, möglichst neutral agierende Übersetzungspersonen eingesetzt werden. Wenn jedoch Ratsuchende – erfahren in der Kommunikation mit deutschen Behörden – mit eigenen Übersetzer/innen zu den Terminen kommen, stellt das die Fachkräfte nun vor ein schwieriges Problem, das einer Klärung bedarf.

Das Problem der „mitgebrachten" Übersetzer/innen

Ein/e mitgebrachte/r Übersetzer/in ist in der Beratung eine wichtige Kommunikationspersonen, die aufgrund ihrer Sprachkompetenzen im Beratungssetting eine erhebliche Macht hat, von der man aber eigentlich nichts weiß. Weder ist bekannt, in welchem Verhältnis sie zu der Rat suchenden Person steht, noch, wie gut sie tatsächlich die Sprache der Ratsuchenden spricht und den Übersetzungsprozess beherrscht. Bestenfalls kann der/die Berater/in einschätzen, wie gut der/die Sprachmittler/in deutsch sprechen kann. Die Übersetzerperson kann Freund, Familienmitglied, Autoritätsfigur in der Großfamilie oder Community, Vertrauensperson, Konkurrent, Gläubiger oder was auch immer sein. Jeder dieser Beziehungsaspekte würde Einfluss auf den Beratungsverlauf nehmen, ohne dass die Beratungsperson davon etwas mitbekommen müsste. Selbst wenn die Übersetzerperson mit besten Absichten und qualitätsvoll ihre Aufgabe bewältigt, wird ihre Position den Ratsuchenden in seiner Auskunftsbereitschaft, Offenheit, Detailgenauigkeit bei der Darstellung der Lebensumstände, der Familiensituation und der bestehenden Probleme beeinflussen.

Es wird ersichtlich, wie sehr es fachlich geboten ist, dass die Beratungsstelle selber die Aufgabe übernimmt, für eine geeignete Sprachvermittlung in der Beratung zu sorgen. Den betroffenen Familien und den mitgebrachten Sprachmittler/innen kann in der Regel durch eine offene und prägnante, aber auch behutsame Darstellung der Position der Beratungsstelle zu Übersetzungsfragen verständlich gemacht werden, warum man auf mitgebrachte Sprachmittler/innen verzichtet.

Dringend abzuraten ist in jedem Fall davon, Kinder und Jugendliche aus der Familie für Übersetzungsaufgaben heranzuziehen. Sie sind aufgrund der Rollenverteilung in der Familie und durch die zu übersetzende Thematik leicht überfordert und können in Rollendiffusion geraten. Die Asymmetrie in den familiären Beziehungen (veränderte Machtverhältnisse durch sprachliche Überlegenheit, Parentifizierung der Kinder, Rollenumkehr) würde durch die Übertragung der Übersetzungsaufgabe an Kinder nur verstärkt, die Beratung könnte dadurch vielleicht sogar Teil des Problems werden.

Mucker, Bautz und Hadzic verweisen auf das Risiko negativer Behandlungsqualität durch ungeschulte Sprachmittler/innen: „Hier ist an erster Stelle die mangelnde, oft auch missverständliche Kommunikation zwischen den Fachkräften und fremdsprachigen Klienten/Klientinnen und unqualifizierten Sprachmittlern/Sprachmittlerinnen zu nennen" (Mucker; Bautz; Hadzic 2018, S. 27).

Nachdem zunächst dargestellt wurde, welche Übersetzungsangebote eher vermieden werden sollten, richtet sich der Blick nun auf die Akquise von Sprachmittler/innen. In vielen Kommunen und Landkreisen werden inzwischen Dolmetscherpools/Gemeindedolmetscher vorgehalten, die von unterschiedlichen Behörden und Institutionen in Anspruch genommen werden können. Die Zusammensetzung dieser Pools kann sehr divergieren: Sehr häufig sind es Laien, die unterschiedliche Qualifikationsprofile einbringen und sich mit unterschiedlichen Motivationen dieser Arbeit widmen. Das beeinflusst ihre Einstellung zu den Klienten, ihr Engagement und ihre Fähigkeit, Distanz zu halten. Das spricht allerdings keineswegs gegen den Einsatz dieser Übersetzungskräfte, vielmehr dafür, dass die Berater/innen der Rolle und der Persönlichkeit der Übersetzer/innen mehr Aufmerksamkeit schenken.

In manchen Kommunen werden ihnen auch fachliche Anleitung und Begleitung angeboten, manchmal auch Schulungen für bestimmte Aufgabenbereiche, z. B. im Rahmen der psychosozialen Beratung. Wo das noch nicht der Fall ist, kann die Beratungsstelle möglicherweise solche Weiterbildungsmaßnahmen für Mitarbeiter/innen der Dolmetscherdienste anregen bzw. initiieren oder zumindest diese fundiert und präzise über die Besonderheiten und Arbeitsweise der Beratungsstelle informieren.

Sprachmittler/innen werden sehr unterschiedlich für ihre Arbeit bezahlt, was auch ein Problem darstellen kann. Angesichts der Schwierigkeit der Übersetzungsaufgabe in der Beratung sollte die Beratungsstelle schon darauf achten, dass diese Dienstleistung angemessen honoriert wird.

Seltener werden professionelle Dolmetscher/innen vorgehalten, aber selbst der Einsatz von Professionellen muss keineswegs Garant für einen gelingenden Beratungsverlauf sein. Denn die Anforderungsprofile in den Beratungsdiensten sind sehr speziell, ganz anders als z. B. vor Gericht oder in der Wirtschaft. In der Translations-Fachliteratur wird die in unserem beruflichen Kontext gebräuchliche Form des Dolmetschens auch als „Community Interpreting" bezeichnet. „Es wird damit das Dolmetschen für Einzelpersonen oder Kleingruppen (Familien) bezeichnet, meist Einwanderer, Flüchtlinge oder Wanderarbeiter, für Gespräche bei Behörden und Sozialämtern, auch in Schulen, im Gesundheitswesen usw. des Aufnahmelandes" (Snell-Hornby 2005, S. 319). Als Besonderheit ihrer Rolle wird hervorgehoben, dass die Community Interpreters (Gemeindedolmetscher) im Rahmen ungleicher Machtverhältnisse dolmetschen. Das ist für das Übersetzen bei Behörden ohne weiteres nachvollziehbar. Aber die Machtasymmetrie, die auch dem Beratungssetting innewohnt, kann hier durchaus analog betrachtet werden.

Für die Beratungsarbeit sind folgende Voraussetzungen relevant. Der/die Sprachmittler/in

- muss über ein hinreichendes Bildungsniveau verfügen, um die im Beratungsverlauf angesprochenen Themen zu verstehen. Der dafür notwendige Wortschatz muss in beiden Sprachen vorhanden sein. Sie/er muss nicht unbedingt den jeweiligen Dialekt der Ratsuchenden beherrschen, aber sollte ihn in seinem soziokulturellen Kontext verstehen und respektieren.

Denn für viele Migrant/innen stellt die Verwendung der Hochsprache bereits eine Entfremdung dar.

- sollte ein Bewusstsein auch über nonverbale Kommunikation haben und in der Lage sein, den sprachlichen Inhalt möglichst genau, kommentarlos und unparteiisch zu übersetzen.
- sollte eine respektvolle und tolerante Haltung gegenüber anderen Menschen haben und über soziale Kompetenzen, Empathie und Reflexionsfähigkeit verfügen.
- sollte mit den Besonderheiten psychosozialer Beratung (Vertraulichkeit, Verschwiegenheitspflicht, Prinzip der Freiwilligkeit, Grundhaltungen) vertraut sein. Ihre Schweigepflichterklärung sollte schriftlich vorliegen.
- sollte in der Lage sein, mit psychisch belastenden Situationen umzugehen und ihre Aufgabe mit der gebotenen Distanz wahrzunehmen.
- sollte einen Beratungsprozess über mehrere Sitzungen vollständig begleiten können. Personelle Wechsel können den Beratungsverlauf beeinträchtigen und sollten daher nach Möglichkeit vermieden werden.
- sollte über die Beratung hinaus keine persönlichen Verbindungen zu den Ratsuchenden haben und keine weiteren, vor allem keine „privaten", Aufgaben für sie übernehmen.

Die Ratsuchenden sollten mit dem/der Sprachmittler/in einverstanden sein. Wo das nicht der Fall ist, sollten Bedenken der Ratsuchenden ernst genommen und gründlich geklärt werden. Oft bestehen z. B. gerechtfertigte Bedenken wegen Zugehörigkeit zu einer anderen Volksgruppe, Religionsgemeinschaft oder politischen Einstellung. Das kann gerade bei politisch Verfolgten existenzielle Bedeutung haben.

Mucker, Bautz und Hadzic fassen als Ergebnis verschiedener Untersuchungen fünf bedeutende Kompetenzen in der Sprachvermittlung zusammen: Interkulturelle Kompetenz, kommunikative Kompetenz, translatorische Kompetenz, reflexive Kompetenz und soziale Kompetenz (vgl. Mucker; Bautz; Hadzic 2018, S. 31).

Selbstverständlich liegt die Verantwortung für den Prozess der Beratung bei der Beratungsfachkraft. Der Beratung sollte grundsätzlich ein Vorgespräch mit der Übersetzungsperson vorausgehen und eine Nachbesprechung der Beratung mit ihr folgen. Da das Setting aufwändig und nicht ohne weiteres in kurzen Zeitabständen wiederholbar ist, sollte für die Beratung selber deutlich mehr Zeit aufgewandt werden als sonst in Beratungsgesprächen üblich. Denn die Übersetzung und das komplexe Gesprächssetting erfordern sehr viel Zeit.

Gerade wenn ein/e Sprachmittler/in erstmals in der Beratungsstelle zum Einsatz kommt, ist auch der Zeitaufwand für das Vorgespräch erheblich: Formalitäten müssen bearbeitet und die Rahmenbedingungen wie Schweigepflichterklärung, Neutralität und Distanz zu Klient/innen außerhalb des Beratungssettings geklärt werden. Die Rollen der Gesprächsbeteiligten und die Methodik des Vorgehens werden erläutert, ebenso der Umgang mit eventuell anwesenden Kindern der Ratsuchenden.

Da Sprachmittler/innen zugleich in gewissem Maße auch Kulturmittler/innen sind, sollten sie im Vorgespräch Gelegenheit bekommen, auf kulturelle Spezifika (z. B. Begrüßungsformen, Umgang mit Blickkontakt, Rollenbilder in Familien etc.) aufmerksam zu machen.

Kleefeldt weist darauf hin, dass gerade in der interkulturellen Beratung neben der sprachlichen Kommunikation die nicht sprachliche an Bedeutung gewinnt. Erstere ist auf die Übersetzung angewiesen, letztere erschließt sich den Kommunikationspartner/innen unmittelbar. Die sprachlichen Signale benötigen längere Zeit als die nicht sprachlichen, um den Empfänger zu erreichen. Dieser asynchrone Prozess kann Irritationen hervorrufen (wenn die Deutung der non-verbalen Signale nicht mit dem Inhalt der verbalen Übersetzung übereinstimmt). Er bietet der Fachkraft meistens aber auch die Möglichkeit und mehr Zeit, den non-verbalen Signalen bewusst mehr Aufmerksamkeit zu schenken und sie in die weitere Gesprächsführung einzubeziehen (vgl. Kleefeldt 2017, S. 13f).

Eine Besonderheit stellen sicherlich Beratungskontakte mit Kindern dar, die übersetzt werden müssen. Hier gibt es keine allgemeingültigen Regeln außer der, dass eine kindgerechte Kommunikation ermöglicht werden muss. Das kann bedeuten, dass es keine klassische Gesprächssituation gibt und Berater/in und Übersetzungsperson sich mit dem Kind auf dem Boden oder im Spielbereich bewegen. Es kann auch sinnvoll erscheinen, dass die Übersetzungsperson an der Kommunikation über das Spiel beteiligt ist, damit sie nicht als Fremdkörper erscheint und eine vertrauensfördernde Kommunikation zustande kommt. In der Regel lernen Kinder jedoch schnell, sich in der neuen Sprache zu verständigen, so dass die Notwendigkeit der Übersetzung selten und dann auch nur kurzzeitig auftaucht (vgl. Schriefers 2018, S. 133f).

Die wichtigsten Übersetzungsmethoden

Konsekutivübersetzung

Die Konsekutivübersetzung gilt als die natürlichste und älteste Art der Übersetzung. Professionell wurde sie zu Beginn des 20. Jahrhunderts zu einer echten Sprachmittlungstechnik weiterentwickelt. „Beim Konsekutivdolmetschen werden jeweils abgeschlossene Redebeiträge mit einer Dauer zwischen einigen Sekunden […] und mehreren Minuten […] verdolmetscht. Voraussetzung hierfür ist, dass der Dolmetscher das Gesagte verstanden hat und behält, wobei nicht die Erinnerung an den Wortlaut, sondern an den Sinn der Ausführungen gemeint ist“ (Snell-Hornby 2005, S. 304). Professionelle Dolmetscher machen sich für längere Redebeiträge schriftliche Notizen.

Simultanübersetzung

Das Simultandolmetschen als spektakulärste Form des Dolmetschens zeichnet sich dadurch aus, dass „bei der Verdolmetschung nicht erst *nach*, sondern *während* der verstehenden Aufnahme der ausgangssprachlichen Rede produziert wird“ (Snell-Hornby 2005, S. 301). Klassisches Anwendungsgebiet ist das Konferenzdolmetschen. Dabei wird eine elektroakustische Übertragungsanlage eingesetzt. Der/die Dolmetscher/in sitzt in der Regel in einer schalldichten Kabine.

Im Face-to-Face-Kontakt dagegen stellt das simultane Übersetzen nicht nur für die Übersetzungspersonen, sondern auch für die Akteure des zu übersetzenden Gesprächs eine große Herausforderung dar und erfordert Erfahrung und hohe Konzentration.

Andere Formen des Dolmetschens, z. B. das Konferenz- oder Verhandlungsdolmetschen sind für den Beratungsbereich nicht von Bedeutung.

Es muss die Form der Übersetzung festgelegt werden, in der Regel konsekutiv (unmittelbar), aber nicht simultan, möglichst wortgetreu. Wo eine wortgetreue Übersetzung nicht möglich ist, sollte der/die Sprachmittler/in die Begriffe und Aussagen in geeigneter Form paraphrasieren und die Beratungskraft darüber in Kenntnis setzen. Die zu übersetzenden Sequenzen müssen klar strukturiert und kurz (in der Regel höchstens drei Sätze) sein. Genügend Sprechpausen sind von großer Bedeutung, um Gelegenheit zum Übersetzen, zu Nachfragen, Klärungen oder Widersprüchen zu geben.

In der Beratungsarbeit kann eine Übersetzungstechnik, die – je nach Gesprächsinhalt und -dichte – konsekutive und zusammenfassende Übersetzungsanteile abwechselt, hilfreich sein. Das setzt aber eine vertraute und wertschätzende Arbeitsbeziehung zwischen Übersetzer/in und Berater/in voraus.

Häufig wird – hauptsächlich im Rahmen von Psychotherapien – Wert darauf gelegt, dass in Ich-Form übersetzt wird, weil dadurch eine schnellere und vereinfachte Kommunikation zustande kommen kann. Es bedarf allerdings in jedem Fall einer guten vorbereitenden Abklärung mit den Klient/innen, damit diese erfassen können, dass z. B. ein „Ich“, das sie von dem/der Übersetzer/in hören, nicht ihre/seine Meinung wiedergibt, sondern die Äußerung der Beratungsperson.

Einige Autoren weisen auch darauf hin, dass die Ich-Form gerade in emotional schwierigen Situationen von den Übersetzenden bisweilen als sehr belastend wahrgenommen wird, so dass es dann sinnvoll sein kann, in der Übersetzung in die dritte Person zu wechseln (vgl. Hartmann; von Törne 2009, S. 15).

Es empfiehlt sich, ein Stoppsignal zu vereinbaren für den Fall, dass die Übersetzungsperson eine Unterbrechung benötigt.

Eine Simultanübersetzung scheint für den Beratungsprozess in der Regel eher problematisch zu sein. Die Gleichzeitigkeit des Sprechens von Klient/in bzw. Berater/in und Dolmetscher wirkt auf Personen, die damit nicht ständig zu tun haben, sehr ablenkend und belastend, so dass die gedankliche Fortentwicklung des Inhalts der Beratung leicht gehemmt werden kann.

Eine für alle Beratungssituationen geeignete Sitzordnung kann nicht eindeutig benannt werden. Am häufigsten wird eine Sitzordnung in Form eines gleichschenkligen Dreiecks mit einer leicht abgesetzten Position der Übersetzungsperson empfohlen, aber auch ihre Positionierung neben der/m Klient/in oder neben der Beratungsfachkraft, seltener seitlich hinter der zu beratenden Person. Offensichtlich können sich hier auch im Einzelfall unterschiedliche Ansätze ergeben, die durch Vorerfahrungen und Belastungen der Klienten, durch die Gesprächsthematik, durch das Geschlecht der Übersetzungsperson usw. beeinflusst sein können.

BEISPIELE

Ein/e in der Beratungssituation sehr unsichere/r Klient/in kann sich durch eine/n Dolmetscher/in versetzt hinter sich in seiner Position bestärkt fühlen und an Sicherheit gewinnen.
Eine traumatisierte Person dagegen hält vielleicht einen Menschen außerhalb des eigenen Blickfelds gar nicht aus. Eine Position der Übersetzungsperson im Dreieck könnte ihr erleichtern, sich auf die Rolle zu konzentrieren und Neutralität zu wahren.
Die Gesprächssituation in einem Kinderschutzgespräch erfordert evtl. eine ganz andere Möglichkeit der Distanzierung für die Übersetzungsperson als z. B. eine Beratungssequenz, in der es um eine Modifikation des Erziehungsverhaltens geht.

Allen Vorschlägen zur Gestaltung der Sitzordnung gemeinsam ist die Priorität für einen möglichst direkten Kontakt zwischen Klient/in und Berater/in durch die Möglichkeit des Blickkontakts, der Beziehungsaufnahme über Mimik und Gestik auch und gerade in der Phase der Übersetzung. Das reduziert das Dilemma des Fehlens direkter sprachlicher Kommunikation und betont die Klient/innen-Berater/innen-Beziehung als Schlüsselereignis der Beratung.

Die zahlreichen Vorschläge zur Gestaltung der Sitzordnung gehen idealtypisch von einer 1:1-Beratung aus. Aber schon bei Paargesprächen, noch mehr in Familienberatungen oder Gesprächen mit Vertretern anderer Institutionen (Jugendamt, Schule, Kita etc.) wird die Planung der Sitzordnung noch viel komplexer. Daher hier einige allgemeine Anhaltspunkte für das Vorgehen:

- Wie in Gesprächen ohne Übersetzungshilfe auch sollten Verstärkungen von Konfliktlinien zwischen Gesprächsteilnehmer/innen vermieden werden. Die Übersetzungsperson gerät gerade in Konfliktgesprächen leicht zwischen die Fronten der Kontrahenten und braucht daher einen neutralen Platz in der Sitzordnung, der ihr auch Schutz und Stärkung durch die Beratungskraft ermöglicht.
- Gerade in größeren Gesprächsrunden und in Gesprächen, in denen nicht alle Klient/innen Übersetzungshilfe benötigen, muss die/der Sprachmittler/in dort positioniert werden, wo sie vornehmlich gebraucht wird, damit auch ein komplexer Gesprächsverlauf störungsarm übersetzt werden kann.
- Auch in größeren Gesprächsrunden ist sicherzustellen, dass der Blickkontakt zwischen Klient/innen und Berater/in gewährleistet ist.

Es empfiehlt sich, die Erfahrungen, die man mit verschiedenen Sitzordnungen macht, mit den Beteiligten (Klient/innen wie Übersetzungspersonen) transparent zu besprechen und möglicherweise in Folgegesprächen Modifikationen zu erproben.

Zurück zum Prozess des Beratungsgesprächs: Vor- und Nachgespräche mit der/dem Sprachmittler/in haben den positiven Nebeneffekt, dass auf natürliche Weise die Begegnung Klient/in-Übersetzer/in vor dem Beratungsgespräch z. B. im Wartezimmer umgangen wird und diese nach der Beratung nicht gemeinsam die Beratungsstelle verlassen.

Vor Beratungen, die nicht erstmalig stattfinden, werden Vorgespräche – außer nach krisenhaften Entwicklungen in der vorangegangenen Beratung – eher kurz ausfallen können. Es geht dann nur um eine Rekapitulation des bis dahin Geschehenen, um Hinweise auf Besonderheiten, die den Gesprächsverlauf beeinflussen können, oder auf geplante Änderungen des Settings.

In der Erstberatung selber ist auf eine angemessene, respektvolle Begrüßung, an der die Übersetzungsperson beteiligt ist, zu achten. Die Essentials des Beratungsgeschehens werden – wie in sonstigen Erstgesprächen – erläutert. Darüber hinaus müssen die Gesprächs- und Übersetzungsregeln und die anderen Vereinbarungen, die zuvor mit dem/der Sprachmittler/in getroffen worden waren, den Ratsuchenden prägnant vermittelt und ggf. weiter erläutert werden.

Nur wenn die Übersetzungsperson zur Fachkraft ein sehr vertrauensvolles Arbeitsverhältnis hat und mit dem Beratungssetting und mit ihrer Rolle gut vertraut ist, kann es auch sinnvoll sein, dass sie allein (ohne Berater/in) ein Vorgespräch mit Ratsuchenden führt, in dem sie sich vorstellt und ihre Rolle in der Beratung sowie die Form der Übersetzung erklärt.

Die gemeinsamen Empfehlungen der Beratungsfachverbände fassen die wesentlichen Merkmale des Beratungsgesprächs mit Sprachmittler/innen folgendermaßen zusammen:

Gemeinsame Empfehlungen der Beratungsfachverbände

- Die Beratungsfachkraft spricht nicht über, sondern nur direkt mit dem/der Ratsuchenden.
- Die Beratungsfachkraft bleibt auch während der Übersetzungsphasen den Ratsuchenden zugewandt.

- Der/die Dolmetschende führt keinen eigenen Dialog mit der/dem Ratsuchenden.
- Die Beteiligten wählen einfache, kurze Sätze. Dialekt, Fachausdrücke und Ironie werden vermieden.
- Die Beratungsfachkraft macht regelmäßig eine kurze Zusammenfassung, die übersetzt wird.
- Bei Bedarf wird zum Abschluss des Beratungsgesprächs gemeinsam mit der/dem Ratsuchenden und dem/der Dolmetschenden ein Folgetermin vereinbart.
- Beratungsfachkraft und Dolmetschende/r verabschieden gemeinsam die/den Ratsuchenden. Diese/r verlassen/verlässt in der Regel alleine den Beratungsraum.

(bke/DAKJEF/EKFuL/BAG 2017, S. 139–148)

Im Nachgespräch nach Verabschiedung der Klient/innen wird der Beratungsprozess gemeinsam reflektiert, und Missverständnisse werden aufgeklärt. Die Übersetzungsperson kann möglicherweise der Beratungsfachkraft kulturspezifische Hinweise geben, Fragen zum Beratungsverlauf stellen und die eigene emotionale Betroffenheit mit der Beratungsfachkraft reflektieren. Die Beratungskraft kann ein Feedback zur Umsetzung der vereinbarten Regeln geben, Formalien werden geklärt.

Hegemann hat unter dem Titel „Die Grüne Karte des Dolmetschens im sozialen und medizinischen Bereich“ die Phasen des Dolmetscher/innengesprächs mit ihren Inhalten zusammengefasst. Auch wenn diese nicht in allen Punkten der Darstellung des Autors vollständig entspricht, wird sie wegen ihrer Übersichtlichkeit hier zitiert:

Die Planungsphase des Dolmetschgesprächs

- Den Vermittlungsdienst oder Dolmetscher informieren.
- Finanzierung, Termin, Ort und Gesprächsteilnehmer festlegen und die notwendigen Personen einladen.
- Zeit einplanen, um den Dolmetscher ein paar Minuten vorher für Vorgespräch empfangen zu können.

Das Vorgespräch zwischen Professionellen und Dolmetscher

- Mitteilung der Gesprächsziele und Arbeitsweise der Institution.
- Erklärung der Vorgeschichte und der bisherigen Kommunikationsprozesse.
- Darstellung relevanter kultureller Hintergrund-Informationen.
- Vereinbarung der Dolmetschmethoden.

Das Dolmetschgespräch

- Begrüßung, Vorstellung der Gesprächspartner und ihrer Rollen.
- Festlegung der Regeln und der Dolmetschtechnik.
- Förderung des direkten Kontakts zwischen Professionellen und Klienten.
- Augenkontakt zwischen Dolmetscher und Klienten vermeiden.
- Dolmetscher möglichst direkt neben den Klienten positionieren.
- Benutzen der direkten Rede (Ich, du, Sie).
- Langsam, deutlich und natürlich in kurzen Sätzen sprechen.
- Vermeiden von Slang, Dialekt oder Ironie.
- Bei längeren Gesprächen das Besprochene gelegentlich zusammenfassen.
- Die Gesprächsführung liegt beim Professionellen.
- Der Dolmetscher ist lediglich Sprachrohr und muss genau übersetzen.

Das Nachgespräch zwischen Professionellen und Dolmetscher

- Bei Bedarf Klärung von kulturellen Hintergründen.
- Entlastung von belastenden Emotionen, Psychohygiene.
- Klärung von Formalien.

(Hegemann 2017, S. 49)

Die deutlich beschriebene Komplexität, die das triadische System des Dolmetschgesprächs mit sich bringt, sollte Beachtung finden, aber nicht verschrecken: „Mit der Komplexität des Systems wächst die Anzahl der Möglichkeiten, dynamisch auf Änderungen der Umwelt zu reagieren. […] Ein triadisches Setting enthält somit mehr Chancen, aber auch mehr Risiken als ein dyadisches. TherapeutInnen oder BeraterInnen können […] gemeinsam mit

DolmetscherInnen und KlientInnen erkunden, wie die Kommunikation gestaltet werden kann, damit Ziele erreicht werden können." Wenn es gelinge, die Komplexität der Dolmetschsituation als Ressource zu nutzen, „können DolmetscherInnen eine wertvolle Ergänzung und Bereicherung für Therapie und Beratung sein" (Kleefeldt 2017 S. 16). Und noch eine Ermutigung für die Beratungspraxis: „Differenzen und Missverständnisse sind nicht zu vermeiden, sie sind vielmehr das Potenzial hin zu einem transkulturellem Verstehen" (Kluge, U.; Kassim, N. 2006, S. 194).

Hoch komplexe Übersetzungssettings

Wie schon am Beispiel der Sitzordnung erläutert, haben die Komplexität eines Beratungs- oder Gesprächssettings, die Anzahl der Teilnehmenden und ein hohes Konfliktpotenzial erheblichen Einfluss auf die Gestaltung der Gesprächssituation. Die Planbarkeit der Gespräche reduziert sich drastisch, die Anforderungen an die Moderations- und Durchsetzungsfähigkeit der Beratungsperson steigen erheblich. Aber auch die Belastungen der Übersetzungsperson nehmen massiv zu. In der Regel nehmen an Beratungsgesprächen mit komplexerer Zusammensetzung Menschen mit unterschiedlichen Sprachkompetenzen teil. Zum Beispiel sprechen Kinder und/oder ein Elternteil gut Deutsch, ein anderer Elternteil nicht, sodass die Gefahr besteht, dass im Verlauf des Gesprächs neue Dynamiken entstehen: Einige Gesprächsteilnehmer/innen treiben den Gesprächsverlauf voran, während andere Gefahr laufen, ihm nicht mehr folgen zu können. Haben die einzelnen Familienmitglieder unterschiedliche deutsche Sprachkompetenzen, muss beispielsweise für die weniger deutschkundigen Eltern rückübersetzt werden, was der/die Berater/in auf Deutsch mit den Kindern besprochen hat. Jede/r Gesprächsteilnehmer/in muss zu jedem Gesprächszeitpunkt den Gesprächsverlauf nachvollziehen können (vgl. Koray 1991, S. 60).

Ziel der Beratung mit Sprachvermittlung muss sein, dass

alle Gesprächsteilnehmer/innen jederzeit in den aktuellen Gesprächsverlauf eingebunden sind und ihm folgen können. Dass dieses Ziel in komplexen und/oder hoch strittigen Situationen nur annäherungsweise erreicht werden kann, liegt auf der Hand. Und selbst diese Annäherung ist nur erreichbar, wenn sich Übersetzungsperson und Beratungsfachkraft strikt an die vereinbarten Gesprächsregeln halten und deren Beachtung auch von den anderen Gesprächsteilnehmer/innen deutlich einfordern. Die Verantwortung hierfür trägt – wie mehrfach erwähnt – die Beratungsfachkraft.

Psychohygiene im Kontext Beratung mit Sprachvermittlung

Es ist ratsam, dem Wohlbefinden der Sprachmittler/innen besondere Aufmerksamkeit zu schenken, da die psychosoziale Beratungsarbeit gerade für sie eine besondere Herausforderung darstellt.

Für die *Ratsuchenden* ist Vertrauen in die Übersetzungsperson essenziell. Dass die Passung mit dem/der Sprachmittler/in angemessen ist, muss zu Beginn der Beratung geklärt sein. Es empfiehlt sich aber auch am Ende einer Beratung, bei den Ratsuchenden nachzufragen, wie sie mit dem Beratungssetting und der Übersetzungssituation zurechtgekommen sind. Unsicherheit, Misstrauen oder auch Unzufriedenheit und Zweifel an der Glaubwürdigkeit der Übersetzungsperson müssen offen angesprochen und geklärt werden, möglicherweise können Veränderungen im Setting, im Extremfall auch die Hinzuziehung anderer Übersetzer/innen überlegt werden, um eine sinnvolle Fortsetzung der Beratung zu ermöglichen.

Das Zeitbudget von Sprachmittler/innen und Beratungsfachkräften sollte so bemessen sein, dass kein Zeitdruck vorhanden ist und für die Vor- und Nachbereitung von Beratungssitzungen hinreichend gemeinsame Zeit zur Verfügung steht. Die Sprachmittler/innen sollten von den Berater/innen – bei aller Deutlichkeit der

Verantwortung der Beratungsfachkraft für die Beratung – die ihnen zustehende Wertschätzung erfahren. Dazu gehört der Respekt vor ihrer Sprach- und Kulturkompetenz und ihrer Fähigkeit, in einem schwierigen Prozess ständig „überzusetzen" zwischen unterschiedlichen Sprach-, Erfahrungs- und Lebenswelten. Im Nachgespräch kann der Beratungsprozess gemeinsam reflektiert werden, der/die Sprachmittler/in kann besondere Kommunikationsschwierigkeiten und emotionale Belastungen zur Sprache bringen und dadurch affektive Entlastung erfahren. In Krisensituationen oder bei besonders belastenden Beratungsinhalten muss die Beratungsfachkraft den Sprachmittler/innen unterstützend zur Seite stehen, und es sollten weitere geeignete Entlastungsmöglichkeiten geschaffen werden. Ihre Teilnahme an einer Supervision für Sprachmittler/innen ist hilfreich, ebenso Schulungen für die besondere Situation der psychosozialen Beratung.

Für die Entlastung der *Beratungsfachkräfte* sorgt ein angemessenes Zeitkontingent, das erheblich über die sonst in der Erziehungsberatung üblichen Zeitbemessungen für Erst- und Folgegespräche hinausgeht. Auch wenn die Berater/innen die Verantwortlichen für den Beratungsprozess sind, ist es für sie sehr hilfreich, die Übersetzungsperson nicht nur als Instrument für sprachliche Verständigung, sondern auch als kulturelle Vermittler/in und Impulsgeber/in zu verstehen und zu nutzen, um daraus Anregungen für die weitere Gestaltung des Beratungsprozesses zu entwickeln.

Mittel- und langfristig sollten gerade in häufig nachgefragten Sprachen, und wenn keine muttersprachlichen Fachkräfte ins Beratungsteam aufgenommen werden können, Sprachmittler/innen dauerhaft an die Beratungsstelle gebunden werden. Denn erhöhtes gegenseitiges Verständnis und Vertrauen erleichtern die weitere Beratungsarbeit erheblich und wirken sich unmittelbar auf die Beziehungsgestaltung mit den Ratsuchenden aus.

Da Beratungsarbeit mit Übersetzungshilfe in den meisten Beratungsstellen nicht unbedingt zum Alltag gehört, sind die darin gewonnenen Erfahrungen oft eher spärlich und auch noch auf mehrere Fachkräfte verteilt. Umso empfehlenswerter erscheint es, dass Erfahrungen in diesem Bereich gebündelt und im Team der Beratungsstelle gemeinsam ausgetauscht werden. Das Team der Beratungsstelle stellt eine gut geeignete Plattform dar, um auf diesem Wege einen gemeinsamen Erfahrungsfundus zu bilden und eine Art stellenspezifische best practise zu entwickeln.

Nonverbale Kommunikation als Schlüssel zur Verständigung

Erziehungsberatungsstellen und andere psychosoziale Beratungsdienste verfügen standardmäßig über eine Vielzahl von Instrumentarien, die auch Kommunikation ohne Sprache zulassen oder erleichtern. Ob Familienbrett, Genogramm, alle möglichen anderen Formen der Darstellung von Beziehungsgeflechten und Systemen, gestalterische Mittel und kreative Medien, sie alle können hilfreich sein, um jenseits der sprachlichen Verständigung Beziehung aufzubauen und Darstellungen und Veränderungsmöglichkeiten von Fragestellungen und Problemen zu gestalten. Das gilt grundsätzlich für Migrationsklientel genauso wie für alle anderen Ratsuchenden. Dennoch ist der Einsatz dieser Medien mit Migrationsklientel unter zwei Aspekten gut vorzubereiten:

- Die Wahl der Instrumente/Medien muss für die Klient/innen nachvollziehbar sein. Medien, die mit der Lebenswelt der Klient/innen nichts zu tun haben, stoßen auf geringere Akzeptanz, z. B. wenn ein Vater, der mit kindlichem Spiel nichts verbindet, nun mit Playmobil-Figuren seine Familie nachstellen soll. Genogramm-Arbeit setzt zumindest ein rudimentäres Verständnis für systemisches Denken und Handeln voraus. Bei kreativen Medien muss die Bereitschaft der Ratsuchenden zu kreativem Handeln vorhanden sein, auch diese ist von kulturellen und lebensweltlichen Sichtweisen beeinflusst.

BEISPIEL

Ein binationales Paar mit deutscher Frau und libanesischem Partner quält sich mit einer komplexen Patchwork-Familiensituation mit dem pubertierenden Sohn der Frau und dessen Vater herum. Der mäßig Deutsch sprechende Mann mit ganz anderem familiären Erfahrungsschatz aus seiner Herkunftsfamilie ist erkennbar überfordert, seine Stellung und Befindlichkeit in diesem System zu beschreiben. Als der Berater ihm Gelegenheit gibt, mit dem Familienbrett die Konstellationen darzustellen, greift der Klient dieses Angebot sichtlich erleichtert und mit zunehmendem Interesse auf. Das Medium hilft ihm, seine Verwirrtheit in einem verworrenen System aufzulösen und Strukturen zu erkennen, die sich ihm vorher nicht erschlossen hatten. Er kann nun auch spielerisch erproben, welche Änderungen im System möglich sein und welche Auswirkungen sie haben könnten.

- Der Zeitpunkt für den Einsatz nonverbaler Mittel muss richtig gewählt sein. Das einzuschätzen sollte sich in erster Linie nach der Befindlichkeit und Zugänglichkeit der jeweiligen Klient/innen richten, um deren Compliance zu gewinnen. So wird in vielen Einrichtungen das Genogramm als Standard schon in einem frühen Stadium der Beratung eingesetzt, weil es ein wichtiges Instrument für die Beratungsperson ist, Familiensituation und Lebensumstände der Ratsuchenden zu erfassen. Möglicherweise ist es aber hilfreicher, das Genogramm erst dann in die Beratung einzuführen, wenn die Klienten/innen zuvor Gelegenheit hatten, die Grundannahmen des Verfahrens, z. B. dass die Sicht auf ein Problem durch eine familienorientierte Sichtweise bereichert wird, zu verstehen und auf ihre eigene Problemsicht zu übertragen.

Die beeindruckende Vielfalt von gestalterischen, kreativen Methoden in Beratung und Therapie, die nicht primär sprachliche Kommunikation erfordern, ist ein großer Fundus, der im Rahmen dieses Buches nicht näher beschrieben werden kann. Exemplarisch sei nur verwiesen auf die therapeutische Sandspielarbeit, die häufig sehr hilfreich in der therapeutischen Arbeit mit traumatisierten Menschen mit Fluchthintergrund eingesetzt wird (vgl. z. B. Utecht 2017).

Insgesamt kann man davon ausgehen, dass gerade auch Ratsuchende mit reduzierten deutschen Sprachkenntnissen in der Regel dankbar dafür sind, wenn man ihnen auch andere Mittel an die Hand gibt, die ihre Möglichkeit, sich auszudrücken und die eigene Befindlichkeit darzustellen, erweitert und verbessert.

Neue Kooperationspartner/innen

Ein ganz anderer Aspekt guter Kommunikation betrifft neue Kooperationspartner/innen, die gerade für die Arbeit mit Migrationsfamilien von Bedeutung sein können. Kooperation und Vernetzung mit diesen Personen oder Institutionen können für die Beratungsarbeit wichtig sein.

Selbstverständlich sind viele Kooperationspartner/innen bei Migrationsfamilien nicht anders als bei sonstiger Klientel: Lehrer/innen, Jugendamt, Sozialamt, Arbeitsagentur, Familiengericht, pädagogische Fachkräfte im Kita-Bereich. Aber gerade Repräsentant/innen der jeweiligen Sprache oder aus dem kulturellen Herkunftsbereich der Familien haben in der Migration natürlich eine besondere Bedeutung: Lehrer/innen, die den muttersprachlichen Unterricht an den Schulen durchführen, Ärzt/innen, Vertreter/innen der heimatsprachlichen Religionsgemeinschaften (Priester, Pfarrer, Imame), Fachleute aus den Sozialabteilungen der jeweiligen Konsulate, Sozialarbeiter/innen der Migrationsberatungsdienste. Aus der frühen Zeit der Arbeitsmigration stammen noch zahlreiche Migrant/innen-Selbstorganisationen (MSOs), in denen viele Migrationsfamilien verankert sind. Für Außenstehende ist es oft nicht so einfach, diese Gruppen und ihre Ausrichtung richtig einzuschätzen. Darunter gibt es natürlich einige, die aufgrund antidemokratischer, nationalistischer, rechtsradikaler oder Gewalt akzeptierender Positionen als Kooperationspartner nicht infrage kommen. Aber es gibt auch viele Vereine, die eine sehr gute kulturelle, soziale und Gemeinwesenarbeit machen.

BEISPIELE

Die Eltern eines psychisch kranken Jugendlichen türkischer Herkunft kommen auf Anraten des Psychiaters in die Beratungsstelle, ohne eine klare Vorstellung zu haben, was sie da erwartet. Der muttersprachliche Psychologe fragt bei ihnen nach, ob sie denn schon den Imam ihrer Gemeinde um Rat gefragt haben. Auf ihre beschämte Bestätigung hin ermuntert er sie, den Kontakt zu Imam bei Bedarf aufrechtzuerhalten, erläutert noch einmal die Arbeitsweise in der Beratung als Alternative, nicht als Konkurrenz zum geistlichen Vertrauten und bietet an, diesen im Bedarfsfall auch zu kontaktieren. Diese Vorgehensweise entlastet die Eltern kolossal. Sie geschieht nicht unbedingt im Vertrauen in die oft rituell-mystischen Interventionen in der Moschee, eher aus der Erkenntnis heraus, dass die Menschen aus ihrem Krankheitsverständnis heraus ohnehin den Weg zum Imam suchen. Dann ist es besser, das zu akzeptieren und nicht mit einer Gegenposition Widerstand zu provozieren.

Leider nur einmalig gab es vor Jahren ein Kooperationsprojekt mit dem Moscheendachverband, einer Stiftung und sozialen Institutionen, darunter auch die Erziehungsberatungsstelle des IFZ. Das Projekt hatte zum Ziel, neu angekommene Imame, denen das Bildungssystem und die Struktur der sozialen Versorgung in Deutschland völlig fremd waren, darüber zu informieren und zur Kooperation zu ermutigen. Das Ergebnis war frappant: Etliche Familien wurden von den Imamen in die Beratungsstelle überwiesen, zwei Imame meldeten sich selber als Klienten an.

Für Menschen mit Fluchthintergrund gibt es noch andere sehr wichtige potenzielle Kooperationspartner/innen: Rechtsbeistände im Asylverfahren, Sozialarbeiter/innen in den Unterkünften oder bei deren Trägern, Vormünder der unbegleiteten Minderjährigen, auch ehrenamtliche Helfer/innen. Hier ist eine enge Kooperation oft von größter Bedeutung, weil die richtigen rechtlichen Schritte, die Erfahrungen der anderen in allen Verfahrensfragen und die Einbindung der Beratung ins gesamte Verfahren für die Familien möglicherweise von existenzieller Bedeutung sind.

Das Ansinnen, mit Personen und Institutionen, die für die Migrationsfamilien wichtig sind, in Kooperation zu treten, kann sicher nur sehr begrenzt und zumeist auch nur auf den Einzelfall bezogen umgesetzt werden. Allerdings ist es hilfreich, als Beratungsfachkraft nicht außer Acht zu lassen, dass die Familien auch noch in ganz anderen Kontexten eingebunden sind, die für sie hohe Bedeutung haben, den Berater/innen aber in der Regel unbekannt sind. Dann kann es Fall bezogen tatsächlich einmal erfolgversprechend sein, den Kontakt zu knüpfen.

Beratungsstellen, die sehr viel mit Migrationsklientel arbeiten, werden in der Regel selektiv Kooperationsstrukturen entwickeln. An manchen Orten wurden auch spezifische Arbeitskreise von Trägern im psychosozialen und psychiatrischen Bereich gegründet mit dem Ziel, eine adäquate Versorgung von Migrationsklientel zu gewährleisten und zu verbessern.

Interkulturelle Kompetenz in der Beratung

Während im vorangegangenen Kapitel die Kontaktaufnahme und das Herstellen einer guten Beziehung im Vordergrund standen und dabei konkretisiert wurde, wie das in der Praxis der Beratungsstelle umgesetzt werden kann, soll in diesem Kapitel etwas verallgemeinernd dargestellt werden, welche Anforderungen kultur- und migrationssensible Beratungsansätze an die Fachkräfte und die Träger der Beratungseinrichtung stellen, welche Qualifikationsmerkmale dafür notwendig sind und welche Auswirkungen auf die Gestaltung der Beratung und auf das Fallverstehen vonnöten sind.

„Die Angebote von Erziehungsberatungsstellen stehen allen Kindern, Jugendlichen und Eltern offen – unabhängig von deren Herkunft und Aufenthaltsstatus. Vor allem Kinder und Jugendliche aus Familien in kritischen Lebenssituationen, wie Alleinerziehende, von Arbeitslosigkeit betroffene, Trennungs- und Scheidungskinder, Migranten- und Flüchtlingsfamilien sowie begleitete und unbegleitete minderjährige Asylbewerber sind in besonderer Weise zu berücksichtigen, da bei ihnen von einer erhöhten Vulnerabilität und von vermehrtem Beratungsbedarf ausgegangen werden kann. Das setzt voraus, die Angebotsstruktur der Beratungsstellen primär an den Bedarfslagen dieser Klientel zu orientieren […].“ So formuliert eine fachliche Stellungnahme der bke (bke 2016, S. 23) den hohen Anspruch der institutionellen Erziehungsberatung an sich selber. Hier soll dargestellt werden, welcher Strukturen, Kompetenzen und Praxismerkmalen es bedarf, um diesem Anspruch gerecht zu werden oder zumindest näher zu kommen.

Interkulturelle Kompetenz in der Beratung wird hier – wie erläutert – als kultur- und migrationssensibles Handeln in der Beratung verstanden. Das wird unter unterschiedlichen Zwischentiteln behandelt.

Zunächst geht es um die Frage, wie die Diversität zwischen Ratsuchenden und Beratungspersonen so überwunden werden kann, dass ein fruchtbarer Beratungsprozess zustande kommen kann. Hierfür müssen interkulturelle Kompetenzen einzelner Beratungspersonen und auch ganzer Teams der Beratungsstellen insgesamt entwickelt und ausgebaut werden. Aber auch die Institution, die Träger der Beratungsstelle ist, muss Strukturen entwickeln, die einer kultur- und migrationssensiblen Beratungsarbeit förderlich sind.

Danach geht es darum, interkulturell kompetentes Beratungshandeln exemplarisch anhand des Alltags in der Erziehungsberatungsstelle darzustellen: Was zu tun ist, damit Migrationsklientel den Weg in die Beratungsstelle leichter findet und sich dort angenommen fühlen, wurde im vorherigen Kapitel ausführlich dargestellt. Hier geht es – nach der Beschäftigung mit dem Thema Interkulturelle Kompetenz – um kompetentes fachliches Handeln: Gestaltung des Erstgesprächs, kultursensibles diagnostisches Vorgehen, kultur- und migrationssensibles Fallverstehen und die Besonderheiten des interkulturellen Teams.

Zum Abschluss dieses Kapitels wird es noch um die Ausgestaltung interkulturell kompetenter Aktivitäten der Beratungsstellen in verschiedenen Handlungsfeldern der Erziehungsberatungsstellen gehen: Prävention, Kinderschutz und Besonderheiten der Beratung mit geflüchteten Familien.

Interkulturelle Kompetenz

Eine erste hier zitierte kurze Definition des Begriffs Interkulturelle Kompetenz findet sich in der Enzyklopädie der Psychologie: „Interkulturelle Kompetenz ist die Kompetenz einer Person, in kulturellen Überschneidungssituationen erfolgreich handeln zu können" (Thomas/Simon 2007, S. 135). Die Autoren zitieren dann Brislin, der vier Kriterien für erfolgreiches Handeln in einer kulturellen Überschneidungssituation benennt:

- „Die Interaktionspartner fühlen sich in der Situation wohl, zeigen gegenseitig respektvolles Verhalten und arbeiten kooperativ zusammen. Sich in einer Situation wohl fühlen heißt zugleich das Bedürfnis zu haben, die Beziehung weiterhin aufrecht zu erhalten.
- Die Beziehung darf nicht nur einseitig als reibungslos und erfolgreich verlaufend empfunden werden, sondern muss auch von Interaktionspartner so empfunden werden. [...]
- Erfolgreiches interkulturelles Handeln ist daran erkennbar, dass die gemeinsame Aufgabe effektiv bewältigt werden kann.
- Die beteiligten Interaktionspartner sollten in der Situation nur minimalen Stress erfahren. [...] Das Stressniveau in der Zusammenarbeit mit fremdkulturellen Partnern sollte [...] nicht höher liegen als das in der Zusammenarbeit mit Personen aus dem eigenen Kulturkreis." (Ebd. S. 138f)

Zur Thematik der Begrifflichkeit „interkulturell" wurde schon zu Beginn des Buches darauf verwiesen, dass hier ein dynamischer Kulturbegriff zugrunde gelegt wird, der von starren, deterministischen, letztlich ethnisierenden Vorstellungen klar abzugrenzen ist. „Kultur ist nicht nur von Land zu Land von Kontinent zu Kontinent unterschiedlich, sondern in jedem Land selbst gibt es unterschiedliche Kulturen die durch Tradition, Religion, Sprache und insbesondere auch sozioökonomische Faktoren geprägt sind" (Lamm 2017, S. 9).

Interkulturelle Kompetenz ist eine letztlich nicht wissenschaftlich exakt zu definierende Begrifflichkeit, so verwundert es nicht, dass in der Literatur zahllose Definitionen zu finden sind. Sehr allgemein formuliert Lamm: „Interkulturelle Kompetenz besteht im Kern in der Fähigkeit sich der kulturellen Brille und ihrer Perspektivgebung bewusst zu werden und die Welt auch einmal mit Empathie und Wertschätzung durch eine andere Brille sehen zu können" (ebd., S. 9).

Zu beachten ist auch, dass sich je nach Kontext die Definitionen unterscheiden müssen. Interkulturelle Kompetenzen in Wirtschaftsunternehmen haben überwiegend im Blick, die Kommunikation und die guten Abläufe geschäftlicher Beziehungen mit Unternehmen in anderen Ländern zu erleichtern. In der pädagogischen, psychologischen und psychotherapeutischen Praxis sowie im Bereich des Gesundheitswesens konzentriert sich die Aufmerksamkeit auf die Kommunikation und fachlich angemessene Beziehung zwischen den Fachpersonen, die in aller Regel Vertreter/innen der Mehrheitsgesellschaft sind, und Menschen mit anderen kulturellen Hintergründen, die als Minderheit Teil dieser Gesellschaft sind. Auch hier gibt es deutliche Unterschiede in der Schwerpunktsetzung, je nach den Besonderheiten des jeweiligen Berufsfeldes.

Es werden bei interkultureller Kompetenz unterschiedliche Komponenten differenziert, die auch jeweils auf verschiedenen Ebenen zu betrachten sind (z. B. im privaten/persönlichen oder im fachlichen Kontext, auf gesellschaftlicher oder allgemein politischer Ebene). Keller benennt eine Trias aus

- Kenntnissen/Wissen,
- Haltung/Achtsamkeit und
- Handeln im Sinne von Diversität leben. (Keller 2016, S. 12)

Leenen et al. (2013/4, S. 115) unterscheiden bei interkulturellen Kompetenzen interkulturell relevante allgemeine Persönlichkeitseigenschaften (u. a. Ambiguitätstoleranz, kognitive Flexibilität und emotionale Elastizität), interkulturell relevante soziale Kompetenzen (u. a. differenzierte Selbstwahrnehmung, Fähigkeit der Rollen- und Perspektivenübernahme), spezifische Kulturkompetenzen (z. B. Sprachkompetenzen, interkulturelle Vorerfahrungen, spezielles Deutungswissen) und kulturallgemeine Kompetenzen (z. B. Bewusstheit der Kulturabhängigkeit des Denkens, Deutens und Handelns).

Gerade im Bereich der psychosozialen und psychotherapeutischen Praxis lassen sich doch viele gemeinsame Merkmale interkultureller Kompetenz erkennen, die sich im Umgang mit Klient/innen und Patient/innen anderer Herkunft als hilfreich erwiesen haben.

Letztlich handelt es sich nicht um besondere Fähigkeiten, die nur in der Begegnung unterschiedlicher Kulturwelten von Relevanz sind, sondern um Kernkompetenzen jeglicher Kommunikation, die in Beziehungsaufbau und Beziehungsgestaltung zwischen der jeweiligen Fachkraft und der Klientin/dem Klienten und Patientin/Patienten eine Rolle spielen. Allerdings stellt das Aufeinandertreffen unterschiedlicher kultureller und sozialer Einstellungen und Werthaltungen gerade in der hoch sensiblen Begegnung im pädagogischen, psychologischen und psychotherapeutischen Umfeld eine neue, manchmal auch ganz eigene Qualität dar. Allgemein gültige Normen, Kompetenzen, Verhaltenskodizes und Persönlichkeitsmerkmale können im interkulturellen Kontext ganz andere Bedeutungen erfahren und erfordern deshalb von den Fachpersonen ein besonderes Maß an Selbst- und Fremdbeobachtung und Reflexion eigener Werthaltungen.

Dadurch wird aber auch deutlich, dass der Erwerb interkultureller Kompetenzen durch Sensibilisierung, den geweiteten Blick und die Ausdifferenzierung der allgemein kommunikativen und der fachlichen Haltungskompetenzen nicht nur Migrationsklientel zugutekommt, sondern – wenn wir uns wieder auf das Arbeitsfeld psychosozialen Beratung fokussieren – allen Ratsuchenden jedweder Herkunft. Dass die Entwicklung interkultureller Kompetenzen darüber hinaus auch die Kommunikation und die Fallbearbeitung im Fachteam bereichern kann, ist dabei ein weiterer nützlicher Effekt.

Bevor die Komponenten interkultureller Kompetenz weiter ausgeführt werden, versuchen Sie doch einmal eine Selbsteinschätzung anhand des folgenden Selbsttests:

	Beschreibung der eigenen Fähigkeiten
Persönliche Kompetenzen (z. B. Offenheit, Aufgeschlossenheit, Interesse an anderen Kulturen, ...)	
Affektive und soziale Kompetenzen (z. B. Einfühlungsvermögen, Fremdverstehen, Ambiguitätstoleranz, ...)	
Kreative Kompetenzen (z. B. Improvisationsfähigkeit, Flexibilität, ...)	
Strategische Kompetenzen (z. B. Konfliktlösungs- und Mediationsstrategien, ...)	
Kommunikative Kompetenzen (z. B. Fremdsprachenkenntnisse, interkulturelle Kommunikationsstrategien, Kontaktinitiative, ...)	
Kognitive Kompetenzen (z. B. Kulturtheoretisches Wissen, Wissen über andere Kulturen, ...)	

Abb. 5: Eigene interkulturelle Kompetenzen. Quelle: Wagner: Selbsttest Interkulturelle Kompetenz (s. Wagner 2017, S. 96) Das Original wurde geringfügig modifiziert. © 2017 Kohlhammer Stuttgart

Komponenten interkultureller Kompetenz

Im Folgenden werden Komponenten interkultureller Kompetenz dargestellt, die sich für die Arbeit in den Erziehungsberatungsstellen als grundlegend und hilfreich erwiesen haben. Sie wurden in zahlreichen Weiterbildungen für Erziehungsberater/innen erarbeitet und fanden durch Arbeitsergebnisse einer interkulturellen Arbeitsgruppe innerhalb der bke auch Zugang in die bke-Stellungnahme „Kindern, Jugendlichen und Eltern eine Perspektive geben – Aspekte der Beratung von Familien im Kontext Flucht und Asyl" (bke 2016).

Selbstbewusstheit

Die Fachkraft ist sich ihrer eigenen kulturellen Wurzeln und Prägungen bewusst und kann die Grundlage ihrer daraus entstehenden Grundhaltung klar benennen und aktiv vertreten. Sie erkennt aber auch die Determiniertheit und die Relativität ihrer kulturellen Grundhaltung und kann gerade deshalb kulturell anders geprägte Haltungen und Sichtweisen erkennen und akzeptieren. Aufgrund dessen vermittelt sie die Erfahrung von Selbstwirksamkeit.

Authentizität

Dadurch, dass die Fachkraft ihre Position prägnant und authentisch vertreten kann und sie gleichwohl kritisch hinterfragt, wird sie für Kommunikationspartner/innen verlässlich und glaubwürdig. Eine authentische Haltung bedeutet gerade nicht, divergierende Grundhaltungen herunterzuspielen oder auszublenden, sondern sie – der Situation angemessen und zu einem geeigneten Zeitpunkt der Beratung – in einer konstruktiven Weise und wertschätzend in den Gesprächsprozess einzuführen.

Kommunikative Kompetenzen, Offenheit und Neugier

Unter diesem Stichwort werden konkrete Handlungskompetenzen im Bereich der Kontaktaufnahme und Kommunikation und eine Haltung gegenüber „Fremdem“ zusammengeführt. Die Fachkraft begegnet den fremden Anteilen im Gegenüber mit der Bereitschaft zu Austausch und mit Neugier im Sinne von Aufgeschlossenheit für neue Erfahrungen und Erkenntnisse. Dabei schwingt auch Wertschätzung für die Position des anderen mit, ohne die das offene Kommunikationsverhalten keine Wirksamkeit entfalten kann. Vorgefasste Bewertungen und Stereotypen werden durch kritische Reflexion bewusst gemacht und auf ihre Entstehungsgeschichte und ihren Sachgehalt hin überprüft. Das Erkennen eigener Vorurteile und der Hintergründe ihrer Entwicklung machen sie für einen Abgleich mit der Realität zugänglich. Sie können abgebaut und eine beeinträchtigende Auswirkung auf das fachliche Handeln vermieden werden.

Wertschätzung, Respekt, Anerkennung der Gleichwertigkeit der Klient/innen im Beratungsprozess

Eine wertschätzende Haltung der Berater/innen im interkulturellen Setting beruht auf einem klaren und authentischen eigenen Wertesystem und auf einer unvoreingenommenen Wahrnehmung der Werte und Lebensentwürfe der Klientel und ihrer achtsamen und respektvollen Behandlung. Das gilt auch und gerade, wenn diese den Berater/innen fremd erscheinen oder ihren eigenen Grundeinstellungen eher widersprechen. Die Anerkennung der Gleichwertigkeit in der Beratung konterkariert die real vorhandene Machtasymmetrie zwischen Berater/innen und Klient/innen und kann so dazu beitragen, den Beziehungsaufbau zu erleichtern, den Beratungsauftrag gemeinsam zu klären und eine gelingende Beratung anzubahnen.

Detailgenaue Beachtung der Besonderheiten des Beratungssettings

Die Ratsuchenden werden in ihren individuellen und sozialen Besonderheiten und mit ihren spezifischen Bedürfnissen wahrgenommen und nicht orientiert an ihrem Migrationsstatus, ihrer ethnischen oder religiösen Zugehörigkeit oder Herkunft, Geschlecht oder anderen Zuordnungskriterien.

Diese Haltungsfrage wird ergänzt durch spezifische Gestaltungsmerkmale des Beratungssettings: Der erschwerten bzw. langsamer sich entwickelnden Kommunikation muss durch erweiterte Zeitkontingente Rechnung getragen werden, besonders in Beratungen mit Sprachmittlern. Mögliche, manchmal sinnvolle und erforderliche Modifikationen des räumlichen Settings (z. B. aufsuchende Beratung zuhause oder im sozialen Umfeld der Ratsuchenden) oder Fragen des terminlichen Settings, aufenthaltsrechtliche Fragestellungen, besondere Bedürfnisse der Klientel sowie der Einfluss von

Familienangehörigen und anderen Beteiligten auf den Kommunikationsverlauf finden im Beratungsgeschehen Berücksichtigung.

Wissen und kognitive Kompetenzen

Wissen über politische, soziale, kulturelle, weltanschauliche und geschichtliche Zusammenhänge in verschiedenen Ländern wird von den Fachkräften in den Beratungsstellen immer wieder eingefordert als Mittel zur Erweiterung der Beratungskompetenzen. Fundiertes Hintergrundwissen als Rahmung für das Beratungshandeln kann hilfreich sein, bedarf aber immer der Überprüfung der Relevanz für den konkreten Beratungsfall. Andernfalls besteht die Gefahr von Stereotypen und Ethnisierungen. Kognitive Kompetenzen umfassen daher gerade die Selbstreflexion, flexible und rasche Analyse- und Synthesefähigkeit. Verallgemeinerungen und Stereotypen bezüglich „Fremden", Flüchtlingen und Fluchtursachen werden kritisch hinterfragt.

Emotionale Kompetenzen

Die Fachkraft hat die innere Bereitschaft zur Auseinandersetzung mit Fremdheit. Das berührt die Grundlagen der eigenen Identität, stellt diese möglicherweise auch infrage, konfrontiert mit Unsicherheiten, Ängsten und anderen eher unbewussten Emotionen. Die Fähigkeit, sich diesen zu stellen, und die Kompetenz, im Beratungskontakt angemessen mit den eigenen Gefühlen und denen des Gegenübers umzugehen, sind Bestandteil jeder Beratung, stellen aber gerade in der interkulturellen Begegnung eine besondere Herausforderung dar.

Fähigkeit der Rollenübernahme

Die Berater/innen sind bereit und in der Lage, sich in die Rolle, die Werthaltungen, Sichtweisen und Handlungsmaximen der Rat suchenden Personen hineinzuversetzen. So können sie deren Positionen besser nachvollziehen, erfahren, wie die Erfahrungswelt der Klient/innen ihr Verhalten prägt, und Veränderungspotenziale erkunden. Sie regen diesen Prozess der Rollenübernahme auch umgekehrt bei den Ratsuchenden an, um zirkuläre Prozesse durch eine Außensicht erkennbar zu machen und positive Veränderungsprozesse anzustoßen.

Teil der Fähigkeit, eine Rolle anzunehmen ist auch die Auseinandersetzung mit den Anforderungen und Zuschreibungen der Klient/innen an die Fachkraft. Diese sehen in uns oftmals die Expert/innen, die Bescheid wissen und sagen können, was zu tun ist. Das entspricht eher nicht dem kooperativen Rollenverständnis der Berater/innen. Dennoch ist es in vielen Fällen wichtig, diese Rollenzuweisungen aufzugreifen und zu prüfen, wie weit man ihnen gerecht werden kann, ohne das eigene Rollenverständnis aufzugeben.

Das sinnvolle Maß an Nähe und Distanz wird in der interkulturellen Beratung immer wieder neu bestimmt. Es richtet sich nach den Bedürfnissen und den kulturellen Erfahrungen der Ratsuchenden, aber auch nach der Bereitschaft der Fachkraft, sich darauf einzustellen.

Ambiguitätstoleranz

Unter Ambiguitätstoleranz ist die Fähigkeit zu verstehen, fundamentale Widersprüche, erhebliche divergierende Sichtweisen und Uneindeutigkeiten im Beratungskontakt ohne weitreichende Irritationen zu tolerieren und mit ihnen produktiv umzugehen. Die Kompetenz, durch deeskalierende bzw. eskalationsvermeidende und vermittelnde Gesprächsgestaltung mit Widersprüchen umzugehen, und allen Divergenzen zum Trotz Verbindendes zu finden und gemeinsame Zielsetzungen zu erarbeiten, schafft gute Voraussetzungen, den Beratungskontrakt zu stabilisieren, Einstellungsänderungen anzuregen und realistische Beratungsziele zu definieren. Dabei ist jeder gelingende Schritt in Richtung Überwindung massiver Widersprüche auch Modell für weitere

Konfliktbearbeitungen in der Beratung und im Lebensumfeld der Ratsuchenden.

Geduld

Dass Beratungsarbeit mit Migrationsfamilien meist ein erweitertes Zeitmanagement erfordert, wurde bereits benannt. Aber gerade auch, wenn es weniger um konkrete Verhaltensänderungen geht, sondern mehr um Einstellungsänderungen, Modifikationen in der Erziehungshaltung oder gar Entwicklungsprozesse, die die Lebensplanung und Familienzukunft betreffen, sind schnelle Lösungen nicht hilfreich. Geduld und eine positive Haltung der Beratungsfachkraft, dass sie den Ratsuchenden diese Entwicklung zutraut und ihnen ihr Fachwissen zur Unterstützung zur Verfügung stellt, sind dabei von großer Bedeutung, um nachhaltige Beratungserfolge zu erreichen. Zu der geduldigen Grundhaltung gehört aber auch, keine schnellen Lösungen zu präsentieren, sondern den Ratsuchenden in der Beratung eine Plattform zu geben, mitgebrachte eigene Einstellungen zu reflektieren, sie mit den Anforderungen in dieser Gesellschaft zu konfrontieren und Lösungen zu finden, die mit beide ‚Welten' vereinbar sind. Ohne Geduld ist ein nachhaltiger Beratungserfolg nicht erreichbar.

Nachdem die Elemente interkultureller Kompetenz ausführlicher dargestellt wurden, haben Sie nun Gelegenheit, den obigen Selbsttest noch einmal selbstkritisch in einer differenzierenden Form zu bearbeiten.

Über welche interkulturellen Kompetenzen verfüge ich?			
	… kann ich noch nicht anwenden	… kann ich zeit-/teilweise anwenden	… kann ich bereits gut und oft anwenden
Persönliche Kompetenzen (z. B. Offenheit, Aufgeschlossenheit, Interesse an anderen Kulturen, …)			

Affektive und soziale Kompetenzen (z. B. Einfühlungsvermögen, Fremdverstehen, Ambiguitätstoleranz, ...)			
Kreative Kompetenzen (z. B. Improvisationsfähigkeit, Flexibilität, ...)			
Strategische Kompetenzen (z. B. Konfliktlösungs- und Mediationsstrategien, ...)			
Kommunikative Kompetenzen (z .B. Fremdsprachenkenntnisse, interkulturelle Kommunikationsstrategien, Kontaktinitiative, ...)			
Kognitive Kompetenzen (z. B. Kulturtheoretisches Wissen, Wissen über andere Kulturen, ...)			

Abb. 6: Eigene interkulturelle Kompetenzen. Quelle: Wagner: Selbsttest Interkulturelle Kompetenz (s. Wagner 2017, S. 95f) Das Original wurde geringfügig modifiziert. © 2017 Kohlhammer Stuttgart

Angesichts der genannten Komponenten aus Haltungsfragen, Wissensaspekten, kommunikativen Fähigkeiten und spezifischen Kenntnissen wird deutlich, dass interkulturelle Kompetenz nur durch einen dauerhaften Lern- und Entwicklungsprozess aufrechterhalten werden kann. Lamm und Dintsioudi schreiben über diesen Prozess treffend: „Der Kontakt und die Auseinandersetzung mit fremden kulturellen Lebensformen berührt die eigene (kulturelle) Identität. Die Grundfesten des eigenen Lebens werden dabei mitunter infrage gestellt und dem Bewusstsein teilweise entzogene Ängste, Sehnsüchte und Wünsche aktiviert. Dies hat zur Folge, dass interkulturelles Lernen mitunter so komplex und mühevoll ist“ (Lamm 2017, S. 16). Und sie fassen zusammen: „Interkulturelle

Kompetenz ist keine Fähigkeit, die durch das Lesen eines Buches, Hören eines Vortrags oder die Teilnahme an einem Workshop erworben werden kann und dann immer abrufbar ist. Es handelt sich vielmehr um einen lebenslangen Lern- und Entwicklungsprozess, der immer wieder neue Herausforderung bereithält und jeweils situationsabhängig neu organisiert werden muss" (ebd.).

Es gibt jedoch auch einen weiteren, für die Praxis in den Beratungsstellen sehr relevanten Aspekt der interkulturellen Kompetenz: den institutionellen. Bevor die Ebene des Trägers der Beratungsstelle betrachtet wird, soll auf der darüber liegenden Ebene fokussiert werden, was in den zentralen gesellschaftlichen Institutionen (in Erziehungsberatungsstellen Jugendamt bzw. Sozialer Dienst) an Rahmengebung für interkulturelle Arbeit geschaffen wurde. Seit den 1990er-Jahren wird diese Perspektive oft unter dem Stichwort „interkulturelle Öffnung der Institutionen" benannt.

Interkulturelle Öffnung meint einen Prozess der Organisationsentwicklung, „[...] die Umgestaltung von Organisationen und Diensten, sodass ihre Funktionsweise und ihre Angebote auf die Realität einer Migrationsgesellschaft ausgerichtet sind und es Migrant/innen grundsätzlich möglich gemacht wird, Dienstleistungsangebote wahrzunehmen." (Kapalka/Mecheril 2010, S. 90)

Ziel ist die Beseitigung von Zugangsbarrieren für Migrant/innen zu Bildung, Kultur und sozialen Diensten. Zentrale Aufgaben dieses Prozesses sind:

- „die strukturelle Verankerung der interkulturellen Öffnung in Leitbildern, Konzepten, Selbstverständnis, Personalpolitik
- der Abbau von Zugangsbarrieren
- die Vermittlung von Fachwissen und Methoden zur Reflexion der beruflichen Praxis sowie die Aus-, Fort- und Weiterbildung der Mitarbeiter/innen
- die Reflexion von Haltungen, Wertungen und Bewertungen auf der persönlichen Ebene." (ebd.)

Das Jugendamt als Auftraggeber (gelegentlich auch als Träger) von

Erziehungsberatungsstellen hat demgemäß, wenn es den Prozess der interkulturellen Öffnung vollzogen hat und als interkulturell kompetente Organisation handelt, ein entsprechendes Leitbild und Selbstverständnis und leitet daraus den Auftrag ab, dass Träger der Beratungsstelle sich strukturell, personell und inhaltlich auf Migrationsklientel in der Beratung einstellen und Zugangsbarrieren abbauen. Diese versorgungspolitische Selbstverständlichkeit ist allerdings bei weitem nicht immer präsent. Wo Erziehungsberatung mehr als Angebot dem Grunde nach und weniger in Orientierung an den tatsächlich vorhandenen Bedarfen angesehen wird, treten Ansprüche an Niedrigschwelligkeit und Öffnung für schwerer erreichbare Klientengruppen schnell in den Hintergrund. Allgemeine Aussagen, dass die Beratungsstelle a priori allen Menschen zur Verfügung stehe, und Sorge um Überlastung der Beratungsdienste wegen „zusätzlicher" Klientel kaschieren das Vorhandensein von Zugangsschwellen für Migrationsfamilien kaum. Die in letzter Zeit auch von Vertretern öffentlicher Jugendhilfeträger gelegentlich vertretene Meinung, ein größeres Bemühen um Migrationsklientel könne Ratsuchende ohne Migrationshintergrund irritieren oder gar provozieren, dürfte mit dem SGB VIII kaum vereinbar sein und ist glücklicherweise selten. Aber für die Träger von und die Fachkräfte in Erziehungsberatungsstellen sind solche Rahmensetzungen höchst irritierend, weil sie den Arbeitsauftrag einengen und die Teilhabe von Migrationsfamilien implizit oder gar explizit reduzieren.

Positiv ausgedrückt: Der Träger einer Erziehungsberatungsstelle benötigt einen klaren Auftrag, der die Einbeziehung von Migrations- und Fluchtfamilien genau regelt und den Abbau von Zugangsschwellen eindeutig fördert.

Aufgaben des Trägers

Die Mitarbeiter/innen der Beratungsstellen sind wiederum auf klare interkulturell orientierte Vorgaben des Trägers angewiesen. Noch so engagierte kultur- und migrationssensible Beratungsansätze und

Interessen der Fachkräfte in der Beratung drohen auf der Strecke zu bleiben, wenn der Träger der Beratungsstelle nicht eindeutig dahintersteht und diese Beratungsansätze fördert. Was kann der Träger tun?

- Er ermuntert Leitung und Team der Beratungsstelle, institutionelle Strukturen und Organisationsabläufe zu überprüfen und so zu modifizieren, dass die Partizipationsmöglichkeiten von Migrant/innen gefördert und Zugangsschwellen abgebaut werden (z. B. durch erweiterte Öffnungszeiten, offene Sprechstundenangebote, überschaubare Wartezeiten, auch Migrationsfamilien berücksichtigende Informationen, fremdsprachige Broschüren, offene, Diversität widerspiegelnde Ausgestaltung der Stelle u. v. m.).
- Er fördert die Aneignung interkultureller Kompetenzen durch das Fachpersonal der Beratungsstelle und legt Wert darauf, dass interkulturelle Kompetenzen als Querschnittsaufgabe betrachtet werden. Teamfortbildungen für Beratungsfachkräfte und Teamassistent/innen eignen sich hierfür besonders.
- Er legt Wert auf interkulturelle Handlungskompetenz der Leitung und des Teams der Beratungsstelle und fördert den Austausch hierzu im Team oder in Arbeitsgruppen.
- Er definiert den Einsatz von Sprachmittler/innen als Aufgabe des Beratungsdienstes, regelt mit dem öffentlichen Jugendhilfeträger die Finanzierung der Dolmetscherkosten und fördert den Aufbau eines Stamms von Sprachmittler/innen, die regelmäßig mit der Beratungsstelle zusammenarbeiten und mit deren Arbeitsweise und -abläufen vertraut sind.
- Er trägt der Tatsache Rechnung, dass Beratungen mit Sprachmittler/innen wegen der Komplexität des Übersetzungsvorgangs und wegen notwendiger Vor- und Nachbereitung deutlich zeitaufwändiger sind.
- Er ermöglicht den Fachkräften der Beratungsstelle eine gute Vernetzung mit Beratungsdiensten und anderen Institutionen, die für Migrant/innen von besonderer Bedeutung sind. Dafür stellt er Zeitkontingente zur Verfügung.
- Er initiiert und fördert im Rahmen der Bedarfsplanung eine migrantenspezifische Bedarfserhebung, die Grundlage für eine

bedarfsgerechte Personal- und Projektplanung und für besondere Schwerpunktsetzungen ist. Beispiele hierfür sind muttersprachliche Beratungs- und Präventionsangebote, gezielte Einsätze in Kitas und Familienzentren, besonderes Eingehen auf Migrantengruppen, die im Sozialraum besonders stark vertreten sind oder besondere Bedarfe erkennen lassen.

- Er veranlasst bei Bedarf eine spezifische Konzeptentwicklung für die Versorgung von Menschen mit Fluchthintergrund und ermöglicht ggf., dass Beratungsangebote in Flüchtlingsunterkünften vorgehalten werden können.
- Er initiiert und fördert in der Personalplanung er eine bedarfsgerechte Einstellung von Fachpersonal ausländischer Herkunft und/oder mit muttersprachlichen bzw. fremdsprachigen Sprachkompetenzen. Er erkennt sprachliche und andere interkulturelle Kompetenzen als zusätzliche Qualifikationsmerkmale bei der Personalakquise an.
- Er setzt sich im Rahmen seiner Möglichkeiten für die Teilhabe von Migrant/innen am gesellschaftlichen Leben ein, wendet sich im Aufgabenbereich der Beratungsstelle, in der Jugendhilfe und in anderen Systeme, mit denen die Beratungsstelle im Austausch steht, gegen Rassismus und Diskriminierung und unterstützt Maßnahmen, die deren Vorbeugung und Verhinderung dienen können. Mitarbeiter/innen der Beratungsstelle, die im Rahmen ihrer Tätigkeit Benachteiligungen und Diskriminierungen von Migrationsfamilien aufdecken oder solche selber erfahren, werden vom Träger unterstützt und bestärkt.
- Er sorgt dafür, dass eine kultur- und migrationssensibel arbeitende Beratungsstelle in der Öffentlichkeit als solche gut zu erkennen ist, sowohl von potenziellen Nutzer/innen als auch von kooperierenden Institutionen. Dazu gehören die Verankerung interkultureller Schwerpunktsetzungen in Leitbild und Konzeption der Beratungsstelle, mehrsprachige Informationen über deren Aufgaben und Arbeitsweise, ein Internetauftritt der Beratungsstelle, der interkulturelle Themen aufgreift und das Angebot in verschiedenen Sprachen darstellt, und Vieles mehr.

Besonderheiten im fachlichen Handeln

Die Fragen der Haltung, die auf Seiten der Berater/innen die Beziehungsgestaltung erleichtern kann, wurden in den beschriebenen Kriterien interkulturell kompetenten Handelns dargestellt. Aber wie kann das konkret in der Beratungsbegegnung aussehen?

Von Schlippe, El Hachimi und Jürgens haben aus systemischer Sicht ein komplexes Modell zum Herstellen und Aufrechterhalten einer konstruktiven Beratungsbeziehung aufgezeigt, das zwei richtunggebende Komponenten enthält:

- *Erzeugen von Metastabilität – Ein Rahmen von Sicherheit, eine ‚sichere Basis'*: Dazu zählen sie Joining, Herstellen von Rapport, Wertschätzung mit Ressourcen- und Lösungsorientierung, Affektabstimmung, einen klaren äußeren Rahmen und klare Gesprächsführung sowie Empathie und Feinfühligkeit.
- *Erzeugung von Instabilität* – innerhalb dieses Rahmens ein Spannungsbogen von Interesse, Neugier und Aufregung. Diesen herzustellen benennen sie zirkuläres und Lösungsfragen, Skulpturarbeit, Dekonstruktion; Schlusskommentar, Musterunterbrechung, Refraiming, No-Change-Intervention; Fokussieren des Themas und Verdeutlichen von Unterschieden; Konfrontation, Metakommunikation, Ansprechen von Tabus, reflektierendes Team (v. Schlippe et al. 2013/2, S. 77).

Mehrere Autor/innen beschreiben zirkuläres Fragen im Kontext der Migrationsgeschichte der Ratsuchenden als probate Strategie. „Als nützlich erwiesen haben sich Fragen, […] die im interkulturellen Kontext geeignet sind, sich bei den Menschen mit fremdem kulturellen Hintergrund als Experten ihrer selbst, ihrer Familie, Gesellschaft und Kultur kundig zu machen über ihre kulturell bedingten Wertvorstellungen, ihre Ansichten und Haltungen über das Leben und den Tod, über persönliche und familiäre Entwicklungsphasen, über religiöse Fragen, über Krankheit und Gesundheit", so Oestereich (in: von Wogau/Lanfranchi/Eimmermacher 2004, S. 167)

Es ist aber darauf zu achten, dass dabei gerade in Beratungssituationen mit nicht gut einschätzbarer Qualität der sprachlichen Verständigung – auch in Gesprächen mit Sprachmittler/innen – leicht Irritationen und Überforderung entstehen können.

Im Zuge der Vorstellung eines kultur- und migrationssensiblen Modells des Fallverstehens werden noch einmal Stichpunkte für Fragestellungen benannt, die unter verschiedenen Perspektiven hilfreich sein können.

Gestaltung des Erstgesprächs

In jedem Erstkontakt erhalten die Beratungsfachkräfte durch Mimik, Gestik, Körperhaltung, Sprechweise, Sprache und auf den verschiedenen Kommunikationsebenen der Klient/innen sehr komplexe Informationen. Diese gilt es wahrzunehmen und daraus Entscheidungen für die nächsten Schritte zu generieren, statt sich von eigenen inneren Haltungen leiten zu lassen. Dazu gehört im Kontakt mit Migrationsfamilien, sich darüber Klarheit zu verschaffen, welche Relevanz die Themen anderer kultureller Prägungen, Fremdheit und Migration für die Auseinandersetzung mit dem aktuellen Vorstellungsgrund haben.

Erst wenn der/die Berater/in einen Eindruck davon gewonnen hat, dass kulturelle Prägung und Migration erkennbar einen Bezug zur vorgestellten Thematik haben, können Fragen zu kulturellen Prägungen und Erfahrungen im Herkunftsland, zu Migrationserfahrungen und -erwartungen hilfreich sein im Sinne von Ressourcenabklärung, Kontexterweiterung oder Lösungsfindung. Andernfalls können sie auch Befremden oder Irritation auslösen, weil Klient/innen sich auf den Herkunftsaspekt festgelegt fühlen können.

Fragen zu kulturellen Prägungen und Lösungsansätzen:

- „Wie würden Sie Ihr Problem im Heimatland benennen?"
- „Welche Lösungen würden im Heimatland/in der Herkunftsfamilie/in Ihrer Community angestrebt werden?

- Welche kämen gar nicht in Frage?“
- Aber auch Fragen zu Aufenthaltsstatus, Spracherwerb, Kontakt mit deutschen Nachbarn/innen und Arbeitskolleg/innen usw.

(v. Wogau et al 2004, S. 241f).

Aspekte, die in der Erstberatung mit Migrationsfamilien Beachtung finden sollten, wurden bereits im Kapitel zu häufigen Problemkonstellationen, Fragestellungen und Ressourcen dargestellt. An dieser Stelle noch einmal eine kurze Zusammenfassung eher aus der Perspektive der Berater/innen:

- Gehen Sie davon aus, dass die Ratsuchenden nicht genau wissen, wo sie sich bei Ihnen befinden, was eine psychosoziale Beratungsstelle ist, wie sie arbeitet, was es mit den dort vertretenen Berufsbildern auf sich hat etc. Das bedeutet: Grundlegende, prägnant und verständlich formulierte Informationen über die Einrichtung, ihre Prinzipien (Verschwiegenheitspflicht, Freiwilligkeit, Kostenfreiheit etc.), ihre Arbeitsweise, die zu erwartenden nächsten Arbeitsschritte gehören ins Erstgespräch. Auch die Abgrenzung gegenüber dem sozialen Dienst, anderen Institutionen und Einrichtungen des Gesundheitswesens kann dazugehören.
- Das Prinzip der Freiwilligkeit ist bei Migrationsfamilien vor der Erstberatung oft ziemlich unklar. Mit Ambivalenzen oder gar einer ablehnenden Haltung sollte man rechnen, ohne sich davon irritieren zu lassen. Dabei spielen Unkenntnis und negative Erwartungen eine Rolle. Aber oft genug gehen Überweiser/innen mit den potenziellen Ratsuchenden auch eher direktiv und fordernd um als motivierend und erklärend, wenn sie in die Beratungsstelle weiterverweisen. Ziel des Erstgesprächs sollte sein, die Arbeitsbeziehung so aufzubauen und zu sichern, dass die Ratsuchenden am Ende des Gesprächs eine erkennbare eigene Motivation haben, einen nächsten Termin wahrzunehmen. Wo das nicht der Fall ist, sollte man das Prinzip der Freiwilligkeit ernst nehmen und weitere Kontakte anbieten, aber auf die Festlegung eines Folgetermins verzichten. In

der Beratungspraxis hat sich immer wieder gezeigt, dass dieses Vorgehen von den Ratsuchenden als Anerkennung ihrer Position und als authentische Haltung der Beratungsperson wahrgenommen und geschätzt wird. Nicht selten können sich genau daraus zu einem späteren Zeitpunkt stabile Beratungskontakte ergeben. Überweiser, die dieses Vorgehen nicht akzeptieren können, müssen ggf. über das Beratungsverständnis der Einrichtung informiert werden.

- Auf der Interaktionsebene ist zu klären, welchen fachlichen Beitrag die Ratsuchenden bei der Klärung ihres Anliegens von der Fachkraft erwarten können, welchen auch nicht. Die Ratsuchenden sollten in der/dem Berater/in die/den psychosoziale/n Expertin/Experten erkennen, die/der diese Rolle auch annimmt. Zugleich sollte die Fachkraft ihr Beratungsverständnis verständlich machen und so die Asymmetrie in der Beratungsinteraktion offen legen, ggf. aber auch relativieren.
- Im Rahmen des Erstkontakts ist zwischen Ratsuchenden und Beratungsfachkraft zu klären, ob das Gespräch direkt in Deutsch oder einer anderen gemeinsamen Sprache weitergeführt werden kann. Wenn eine Sprachvermittlung benötigt wird, erläutert die Beratungsfachkraft die Praxis der Beratungsstelle in dieser Frage und erklärt das weitere Vorgehen.
- Die einzelnen Handlungsschritte im Erstgespräch und sich ergebende Fragestellungen sollten jeweils erklärt werden: Wieviel Zeit steht für den Erstkontakt und mögliche Folgegespräche zu Verfügung? Welche Daten werden warum erfragt? Wofür macht die/der Berater/in sich Notizen, was geschieht damit? (Gleichwohl sollte die Fachkraft gerade in der Phase des Gesprächs- und Beziehungsaufbaus möglichst auf das Mitschreiben verzichten, weil das unsichere Ratsuchende zusätzlich irritieren kann.)

  Was wird dokumentiert? Was geschieht mit den erhobenen Daten? Wann und wofür wird eine schriftliche Schweigepflichtentbindung erforderlich?

  Transparenz herzustellen schafft Vertrauen und Compliance.

- Am Ende des Erstgesprächs sollten die Ratsuchenden wissen, welches die nächsten Arbeitsschritte sein könnten. Mögliche Ziele der Beratung und die Reihen-/Rangfolge der Herangehensweise an diese Ziele sollten geklärt und möglicherweise auch schriftlich fixiert sein, sodass eine Art impliziter oder expliziter Beratungskontrakt erkennbar ist. Dauer, Häufigkeit und Zeitabstände von Folgekontakten sind abzusprechen.

Erfahrungsgemäß gestalten sich die Vorgehensweisen der Berater/innen im Erstgespräch individuell sehr unterschiedlich. Selbst innerhalb eines Teams ergeben sich keine großen Übereinstimmungen zwischen den Handlungsstrategien der einzelnen Fachkräfte. Solange es einen gemeinsamen Nenner gibt, was im Erstgespräch benannt und geklärt werden sollte, stellt die Unterschiedlichkeit im Vorgehen kein Problem dar, im Gegenteil, sie macht auch den Charme einer psychosozialen Beratungseinrichtung aus. Allerdings scheint in den Teams oft zu wenig Austausch über die unterschiedlichen Handlungsweisen stattzufinden, sei es aus Zeitmangel, weil man mit den eigenen selbst entwickelten Routinen gut zurecht kommt oder sich nicht gerne in die Karten gucken lassen möchte.

Aber gerade, wenn es um Spezifizierungen des Beratungshandelns für besondere Klientengruppen wie hier Migrationsfamilien geht, ist der Erfahrungsaustausch darüber sehr hilfreich, das Ausprobieren anderer Vorgehensweise kann sehr bereichernd sein. Die Ressource der Vielfalt von Professionen, methodischen Ansätzen und Persönlichkeiten im Team sollte unbedingt intensiver genutzt werden.

Kultursensibles diagnostisches Vorgehen

Der große Rahmen, wie Diagnosestellungen durch das kulturell geprägte Verständnis der Migrant/innen von Gesundheit und Krankheit, abweichendem Verhalten und insbesondere psychischen Erkrankungen definiert wird und wie stark gesellschaftlich und kulturell determiniert und keineswegs allgemeingültig die üblichen Diagnoseinstrumente sind, kann in diesem Rahmen nur angerissen werden. Bermejo formuliert hierzu: „Da psychische Erkrankungen sehr von der sozialen Beurteilung der Symptome bzw. deren Einschätzung als Abweichung von der Norm abhängen, sind die Diagnosen somit zwangsläufig auch stark soziokulturell geprägt, so dass neben sozio-demografischen und schichtbedingten Faktoren auch der kulturelle Hintergrund und spezifische Migrationserfahrungen eine Bedeutung für deren Verständnis haben" (Bermejo 2013, S. 230). Einige Standardwerke zur transkulturellen Psychiatrie können die Beschäftigung mit dieser Thematik vertiefen, z. B. Schepker; Toker (2009), Machleidt; Kluge; Sieberer/Heinz (2018/2) oder Hegemann; Salman (1998).

Auch in diesem Kontext muss also hervorgehoben werden, wie wichtig eine kritische Überprüfung eigener Werthaltungen ist und ein Bewusstsein, dass erlernte Theorien und fachliche Standards im psychologischen und sozialwissenschaftlichen Bereich Konstrukte sind, die gesellschaftlich determiniert sind und nicht den Anspruch auf Allgemeingültigkeit erheben können. „Eine kulturspezifische Sichtweise geht von den Bedeutungssystemen und Wertvorstellungen in einem bestimmten kulturellen Kontext aus" (Keller 2011, S. 108).

Die Kontroverse um Universalität bzw. kulturelle Begrenztheit der Bindungstheorie

Gerade weil die Bindungstheorie in der Sozialen Arbeit und Pädagogik inzwischen – völlig zu Recht – große Anerkennung erfährt und zum Basiswissen gehört, kann es bei Migrations- und Fluchtfamilien leicht zu Feststellungen, „Diagnosen" von Bindungsstörungen bei Familien kommen, die aufgrund ihrer Prägung in der Heimatkultur andere Kommunikationsmuster, Erziehungshaltungen und Betreuungsstrukturen ihren Kindern gegenüber an den Tag legen.
Keller dagegen führt aus, dass das Bindungskonzept am kulturellen Modell der psychologischen Autonomie orientiert ist. Sowohl die Bindungs-

theorie als auch die empirischen Untersuchungen dazu seien im euro-amerikanischen Kulturkreis entwickelt worden, wo eben dieses kulturelle Modell dominierte: Kindzentriertheit, exklusive dyadische Aufmerksamkeit zwischen Mutter und Kind, Reaktion auf die kindlichen Signale usw. als Merkmale einer sicheren Bindungsbeziehung. „Die westliche Mittelschichtsfamilie, auf der dieses Bindungsmodell basiert, ist aber auf einer weltweiten Skala eine seltene Ausnahme – weniger als 5% der Weltbevölkerung gehören dazu " (Keller 2017, S. 496).

Die Autorin kommt aufgrund ethnopsychologischer Studien zu dem Ergebnis, dass in vielen Kulturen multiple Pflegearrangements zum Tragen kommen. „Außer der Mutter spielen in manchen Kulturen die Väter, Großmütter, Geschwister oder aber auch Nicht-Verwandte eine bedeutsame Rolle" (ebd.). Sie beschreibt die Lebensbedingungen der Frauen in anderen Kulturen, die exklusive Aufmerksamkeit für die Kinder unmöglich machten. Statt Blickkontakt und Face-to-Face-Kommunikation würden Körperkontakt und motorische Stimulation zu den bestimmenden Elementen der sozialen Regulation (ebd.).

Keller betont die weitreichenden Auswirkungen dieser Darlegungen auf die Praxis, z.B. die Definition von Kindeswohl: „Die in der Praxis verwendeten Kriterien sind an dem Bild vom Kind orientiert, das für die westliche Mittelschichtsfamilie verbindlich ist. Häufig wird direkt Bezug genommen auf die Bindungstheorie" (ebd. S. 497).

Beispiel: Eine Mitarbeiterin des Jugendamts beobachtet bei einem Kleinkind einer afrikanischen Flüchtlingsfamilie keinerlei „Fremdeln" ihr und der Dolmetscherin gegenüber, auch als die Mutter kurz den Raum verlässt. Sie schließt daraus auf eine problematische Bindungsqualität zwischen Mutter und Kind. Dabei missachtet sie die kollektive Gebundenheit der Familie in der Heimatkultur (im Übrigen oft auch in der Gemeinschaftsunterkunft) und kommt dadurch zu einer falschen Situationsbeurteilung.

Es erscheint naheliegend, dass der Blick auf das Bindungsverhalten ohne Berücksichtigung der soziokulturellen Hintergründe, sozialen Lernprozesse der Betroffenen und ihrer aktuellen Lebenssituation, gerade wenn dieses sich massiv von früheren Lebensformen und Gemeinschaftserfahrungen unterscheidet, schnell zu Fehldeutungen und Missverständnissen führen kann (vgl. Keller 2011 und 2016).

Testdiagnostik spielt in vielen Erziehungsberatungsstellen keine unerhebliche Rolle. Klar ist, dass in der Testdiagnostik mit Kindern mit Migrationshintergrund Intelligenz- und Leistungstests zur Anwendung kommen müssen, die in Deutschland normiert wurden. Ein vergleichbares Verfahren z. B. aus der Türkei würde bestenfalls für ein gerade nach Deutschland emigriertes türkisches Kind angehen, wenn man sich denn an türkischen Standardnormierungen orientieren möchte. Allerdings ist festzuhalten: „Für die meisten Testverfahren liegen keine migrantenspezifischen Normwerte vor, und in den Eichstichproben sind Zuwanderer, auch wegen Sprachschwierigkeiten, meist systematisch unterrepräsentiert" (Schölmerich; Leyendecker 2009, S. 430f).

Schepker und Toker schildern die Grenzen der Übersetzbarkeit von Testverfahren und wägen ab, ob hier oder im Herkunftsland normierte Tests bei Kindern und Jugendlichen Anwendung finden sollten. Für Ersteres spräche, dass gerade in Schullaufbahnfragen hier normierte Tests stärker hier relevante Kulturtechniken abbilden, für Letzteres dagegen der hohe Einfluss der familiären (herkunftskulturell geprägten) Sozialisation z. B. bei Kindern vor der Einschulung. Sie beschreiben (allerdings ältere) türkische und deutsche Adaptionen der Wechsler-Skalen und kommen zu dem Ergebnis, dass selbst diese nicht miteinander vergleichbar seien. Sie schließen daraus, „dass bei Anwendung von ‚deutsch normierten' Tests bei Kindern und Jugendlichen mit Migrationshintergrund weder die inhaltliche noch die konstruktbezogene kulturelle Äquivalenz gesichert ist. Die Begabung wird am ehesten systematisch unterschätzt" (Schepker; Toker 2009, S. 87–101).

Es stellt sich allgemein die Frage, wie weit die hier zur Verfügung stehenden Verfahren Migrationskindern gerecht werden, ob der Migrationshintergrund in seiner vielfachen Ausprägung überhaupt abgebildet oder durch eigene Normierungen erfasst werden kann. Möglicherweise spiegeln spezifische Normierungen und Interpretationshilfen, die es in einigen Testverfahren gibt, nur eine trügerische Verlässlichkeit vor. Ein Ausweg scheint dagegen in der Leistungsdiagnostik die Verwendung sprachfreier Intelligenztests zu sein, die auch mit dem Anspruch von Kulturfreiheit antreten. Allerdings wird kritisch angemerkt, dass diese weitgehend sprachfreien Tests, die stark auf Formerkennung und Klassifikation von Formen basieren, genau deshalb nicht als kulturfrei gelten können, „[…] denn die Formen und Symbole sind natürlich auch kulturelle Ausdrucksformen, die in ihrer Symbolik eher intuitiv und möglicherweise gar nicht bewusst zugänglich sind – daher eben umso wirksamer! Leider gibt es aber keine Tests, die die jeweiligen Kompetenzen im kulturellen Kontext erfassen" (Keller 2011, S. 96).

Keller beschreibt in ihrer Darstellung der Entwicklung im ersten Lebensjahr aus ethnopsychologischer Sicht anschaulich eine Längsschnittuntersuchung mit dem Bayley-Entwicklungstest an Kindern unter einem Jahr in Deutschland und Kamerun, die erhebliche Unterschiede kindlicher Kompetenzen zwischen den Populationen beider Kulturen erkennen lässt (ebd.).

Grundsätzlich ist vor der Testdiagnostik mit Kindern oder Jugendlichen mit Migrationshintergrund zu klären, welchem Zweck sie dienen soll, welchen Erkenntnisgewinn man daraus ziehen kann und ob die zur Verfügung stehenden Instrumente überhaupt annähernd geeignet sind, aussagekräftige Ergebnisse zu generieren.

BEISPIEL

Wenn bei einem Kind der zweiten Einwanderergeneration, das hier sozialisiert wurde und die Grundschule durchlaufen hat, die Abklärung einer Eignung fürs Gymnasium beabsichtigt ist, scheint es angemessen, eines der üblichen – sprachgebundenen – Intelligenztestverfahren anzuwenden, weil sehr gute Sprachkompetenzen auch wichtige Voraussetzung für eine positive schulische Entwicklung im Gymnasium sind. Eine schonende Testung mit weniger sprachgebundenen Verfahren wäre mit der Fragestellung nicht richtig vereinbar. Ganz anders sähe es bei einem Kind aus, das erst seit kurzem in Deutschland ist und Deutsch noch nicht gut spricht, ansonsten aber aufgrund seiner anderen schulischen Leistungen den Eindruck erweckt, dass es leistungsmäßig den Anforderungen des Gymnasiums entsprechen könnte, auch wenn die Sprachkompetenzen noch nicht ausreichen. Hier wäre eine eher wenig sprachgebundenes Verfahren sinnvoll, das die anderen Intelligenzfaktoren genauer erfasst. Die Frage der noch unzureichenden Deutschkenntnisse wäre keine primär diagnostische, eher Thema für die weitere Planung der Behandlung oder Förderung.

Testdiagnostik mit Kindern und Jugendlichen aus Migrationsfamilien erfordert besondere Achtsamkeit und ein kritisches Hinterfragen der zur Verfügung stehenden Instrumente. In jedem Fall ist genau zu prüfen, ob und wann es angemessen und sinnvoll ist, Leistungstests durchzuführen. Gerade wenn die Deutschkenntnisse noch gering und die äußeren Belastungsfaktoren hoch sind und der Akkulturationsprozess in der neuen Umgebung noch nicht weit gediehen ist, sollten Testuntersuchungen vermieden werden, weil die Ergebnisse kaum sicher interpretiert werden können. Eine isolierte Testung, z. B. nur eine Intelligenzdiagnostik, ist zu vermeiden. Verhaltensbeobachtung, Einholung der Expertise von Lehrer/innen und anderen Bezugspersonen und die Berücksichtigung der sozialen und familiären Rahmenbedingungen sind als wichtige Faktoren der Diagnostik unbedingt zu berücksichtigen. Bei schwachen Testergebnissen sollte die Möglichkeit einer Nachtestung mit einem anderen Verfahren zu einem anderen Zeitpunkt erwogen werden, um Fehlerquellen bei der Diagnosestellung zu reduzieren. „Der Diagnostiker sollte davon ausgehen, dass mit den gängigen (an Einheimischen normierten) Verfahren weniger eine ‚objektive' Intelligenz gemessen wird als die Fähigkeit, im jeweiligen Schulsystem der Majoritäts-Normstichprobe Anforderungen zu erfüllen" (Schepker; Toker 2009, S. 95).

Es ist kaum verwunderlich, wenn Schölmerich und Leyendecker erläutern: „Mehrere europäische Untersuchungen berichten, dass Kinder aus zugewanderten Familien bei standardisierten Intelligenztests im Gruppenvergleich schlechter abschneiden als Kinder der Mehrheitsgesellschaft. (…) Diese Abweichungen werden auch durch Tests und Untertests, die nonverbal und kulturfair konzipiert sind, nicht immer gemindert" (Schölmerich; Leyendecker 2009, S. 435). Auch diese Autoren sehen die Möglichkeit, Tests zu übersetzen, als problematisch an, zumal bei Übersetzungen die Testgütekriterien erneut geprüft werden müssten. Sie empfehlen bilinguale Überprüfer/innen, die die Sprache verwenden, die ein Kind wählt (ebd. S. 434).

Die Auswahl der Testverfahren sollte – die individuelle Situation des Kindes oder Jugendlichen berücksichtigend – sehr bewusst geplant werden. Erfreulicherweise liegen inzwischen einige wertvolle Hinweise vor allem aus dem Bereich der Schulpsychologie vor, welche Testverfahren sich am ehesten als praktikabel herausgestellt haben.

Aktuelle Auswahl von Testverfahren zur sprachfreien Intelligenzdiagnostik

Test	Normierung	Altersbereich	Testteil/ Gesamtversion	Durchführungsdauer der sprachfreien Testung	Sprachfreie Instruktion	Sprachfreie Durchführung	Kulturfreiheit
AID 3	2011	6;0–15;11	teil	ca. 45min	teilweise	teilweise	weitgehend
CFT 1-R	2010	5;4–9;11	ganz	ca. 40min	Ja	Ja	Ja
CFT 20R	2004	8;5–60	ganz	ca. 30min	teilweise	Ja	begrenzt
KABC-II	2014	3;0–18;0	teil	ca. 45min	Ja	Ja	weitgehend
RIAS	2012	3;0–99	teil	ca. 15min	Ja	Ja	begrenzt
SON-R 6-40	2011	6;0–40;11	ganz	ca. 60min	Ja	Ja	weitgehend
WNV	2013	4–21	ganz	ca. 45min	Ja	Ja	Ja

Abb. 7: Vergleich von aktuellen Testverfahren zur sprachfreien Intelligenzdiagnostik. Quelle: Timm; Borchers (2017), S. 7

In der zitierten Broschüre, die das Ergebnis eines Projekts der genannten Stelle ist, werden zwei Verfahren als „eher geeignet für eine sprach- und kulturfreie sowie eine weitgehend ökonomische Testung“ dargestellt: Die Wechsler-Non-Verbal-Scale (WNV) und der Grundintelligenztest 1 – Revision (CFT 1-R).

Gleichwohl bleibt eine deutliche Unsicherheit, welche Aussagekraft Intelligenz- und Leistungstests mit Kindern aus Migrationsfamilien haben können. Diese steht und fällt mit der Frage, wie weit die zu untersuchenden Kinder mit ihren Besonderheiten in der Normstichprobe, die dem Verfahren zugrunde liegt, hinreichend abgebildet sind. „Bereits bei der Konstruktion und Eichung bzw. der Ermittlung von Eichnormwerten gebräuchlicher Begabungs- und Intelligenztests ist bislang kulturelle Vielfalt zu wenig berücksichtigt worden; die Testung basiert also auf einer Normierung, die nicht angemessen ist und nicht repräsentativ für die entsprechende Zielgruppe“ (Uslucan 2016, S. 9). Der Autor weist zudem darauf hin, „dass abgefragte Wissensinhalte in Intelligenz-Tests für Zuwanderer nicht dieselbe Alltagsrelevanz haben bzw. denselben lebensweltlichen Kontexten entstammen wie für Einheimische und deshalb nicht immer angemessen sind“ (ebd.).

Die Intelligenzdiagnostik mit geflüchteten Kindern und Jugendlichen problematisiert Joël und verweist auf Besonderheiten wie Traumatisierungen, ungenaue Angaben zu Alter und Geburtsdatum und unzureichende schulische Vorbildung. Er fasst in einer Checkliste zusammen, was bei der Testung geflüchteter Kinder Beachtung finden muss:

Checkliste für die Testung von geflüchteten Kindern

- Liegt eine definierte Fragestellung vor, zu dessen Antwort der Test beitragen könnte?
- Ist bekannt, wie der Test Intelligenz definiert?
- Ist bekannt, welche Teilbereiche der Intelligenz der Test misst?
- Steht ein angemessener Test zur Verfügung?
- Sind vor der Testung das Kind und die Angehörigen angemessen informiert worden über Sinn und Ablauf der Testung?
- Ist der Test weitestgehend kulturfair und trägt den Sprachkenntnissen des Kindes Rechnung?
- Steht das 90prozentige Vertrauensintervall zur Verfügung?
- Wird die Darbietung von kristallinen Items vermieden?
- Steht ein angemessener Testraum zur Verfügung?
- Steht genügend Zeit zur Verfügung, um gelassen Pausen zu gestalten und Zwischengespräche mit dem Kind führen zu können?
- Spricht das Kind etwas Deutsch?
- Liegt genug Routine in der Anwendung des Tests vor, um sich auf das Kind zu konzentrieren und um die Testdurchführung mit einer Verhaltensbeobachtung zu begleiten?
- Ist der genaue Geburtstag bekannt?
- Hat das Kind Schulerfahrungen?
- Hat das Kind Sozialisationserfahrungen, um planvoll-strukturiert abstrakte Items bearbeiten zu können?

- Sind traumatypische Symptome wir fokussierende Wachsamkeit, Unkonzentriertheit, Übererregung etc. weitestgehend ausgeschlossen?
- Hat das Kind ausgeschlafen?
- Können sehr bedrückende Schilderungen von Fluchterfahrungen ausgehalten werden?
- Liegen Grundkenntnisse über mögliche Verhaltensexzesse traumatisierter Kinder und den Umgang damit vor?
- Liegen Grundkenntnisse im Umgang mit traumatisierten Kindern vor?

Quelle: Joël 2018, S. 203

Je mehr Fragen mit Nein beantwortet werden, desto höher die Bedenken für eine Testung (Anmerkung des Autors T. Joël). Insgesamt kommt Joël zu dem ernüchternden Ergebnis: „Es können keine Empfehlungen ausgesprochen werden, welcher Test am wenigsten ungeeignet ist, auch begründet durch die große Heterogenität geflüchteter Kinder und die daraus resultierenden unterschiedlichen Bedürfnisse und sehr unterschiedlichen bisherigen Bildungserfahrungen“ (Joël 2018, S. 203).

Ganz ähnliche Probleme wie bei Leistungstests ergeben sich bei anderen Verfahren, z. B. Erhebungen in Fragebogenform. Die Vorgabe von Fragebögen in deutscher Sprache stellt an die Klient/innen hohe Anforderungen, derer sich die Untersucher/innen nicht bewusst sein können. Die Übersetzung der Fragebögen scheitert oft genug daran, dass der Bedeutungskontext eines Fragebogens nicht 1:1 in eine andere Sprache übertragen werden kann. Wenn sich jedoch eine Übersetzung weiter von der Vorlage entfernt, wird immer fraglicher, ob eine Vergleichbarkeit zwischen den Verfahren wirklich gegeben ist.

Kultur- und migrationssensibles Fallverstehen

„Die Tendenz zur Kulturalisierung lässt sich […] im Alltag nationaler Diskurse zur Einwanderung feststellen, wo Kultur ganz ähnlich zur Unterscheidung von ‚Anderen‘ verschiedener Herkunft und kulturelle Differenz als Erklärung sozialer Problemlagen eingesetzt wird" (Römhild, R. 2018, S. 17). Solche Vereinfachungen und Verzerrungen gilt es unbedingt zu vermeiden. Denn psychosoziale Beratung im Kontext Migration und Flucht ist komplexes fachliches Handeln, das von dem/der Berater/in verlangt, auf die Vielschichtigkeit der Erfahrungen und Hintergründe auf Seiten der Klient/innen einzugehen und zugleich auf der Beziehungsebene den Einfluss eigener Werthaltungen, Fremdheitsgefühle und kultureller Prägungen zu reflektieren und ihre Auswirkung auf die Beratungskommunikation im Blick zu haben. Das erfordert ein Fallverstehen der Fachkraft und des Teams der Beratungseinrichtung, das dem gerecht wird.

Ein migrations- und kultursensibles Beratungsverständnisses erfordert eine mehrdimensionale Sicht- und Vorgehensweise für die genannten Konfliktsituationen der Ratsuchenden, die

„– die lebensgeschichtliche psychologische Perspektive erfasst,
– die eine kulturelle Bedeutungsanalyse der vorgebrachten Konfliktsituation und der Arbeitssituation mit dem Berater vornimmt
– und die die gegenwärtige gesellschaftliche Situation mit der von ihr ausgehenden Bedeutung für das Konflikterleben des Ratsuchenden und der Beziehung zwischen Ratsuchenden und Berater zu erfassen sucht" (Kunze 2018, S. 46).

Während die psychologische Dimension und Perspektive in den Beratungsstellen zum Rüstzeug der Beratungsarbeit gehört und Grundlage der Falldiskussion in Team und Supervision ist, kommen beim Fallverstehen im interkulturellen Kontext kulturspezifische und aktuell gesellschafts- und migrationsbedingte Dimensionen hinzu. Es ist hilfreich, diese in der Fallbetrachtung klar zu differenzieren: Kulturelle Normen, Werthaltungen, Prägungen und Güter werden aus dem Herkunftsland von den migrierenden Personen in das Aufnahmeland mitgebracht, migrationsbedingte Faktoren entsteht während der Migration und vor allem auch in unserer Gesellschaft. Sie beschreiben gesellschaftliche Wirkfaktoren auf das Verhalten und Erleben der Migrant/innen, denen sie ausgesetzt sind. Zur Unterscheidung dieser Dimensionen sind Kenntnisse und Reflexion der gesellschaftlich-politischen Dimension, der Geschichte, Ursachen und Verlaufsdynamik der Migration von großer Bedeutung. Ziel ist ein kultur- und migrationssensibles Fallverstehen.

Kunze, ein Vorreiter interkultureller Beratungsarbeit in Deutschland, entwickelte in den 90er-Jahren des letzten Jahrhunderts ein Modell kultur- und migrationssensiblen Fallverstehens (Kunze-Modell), das von Vertreter/innen der psychosozialen Arbeit mit Migrationsfamilien in Seminaren und Weiterbildungen an viele Fachkräfte und Teams vermittelt wurde und sich als sehr hilf- und erkenntnisreich für den Beratungsalltag in Beratungsstellen erwiesen hat (Kunze 1998, S. 195–205).

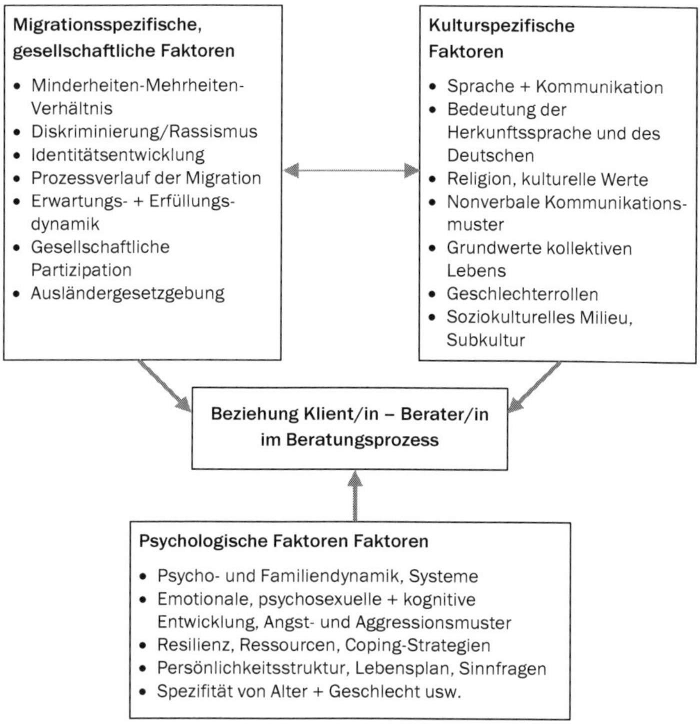

Abb. 8: Interkulturelle psychologische Beratung als mehrdimensionales Verstehens- und Handlungsmodell. Nach: Kunze 2004, S. 10.

Betrachten wir die einzelnen Faktoren und Bedeutungskontexte genauer: Die erste Dimension, im Schaubild unten angesiedelt, erfasst das jeweilige fachliche Verständnis von Beratung und dessen Umsetzung in der Beziehung zwischen Berater/in und Ratsuchenden. „Der Berater bzw. Beraterin geht mit einer ‚psychologischen Gestimmtheit' in den Beratungsprozess mit dem Ratsuchenden, in der sie sich von ihrem psychologischen Wissen, ihrer psychologischen professionellen Wahrnehmung und Berührbarkeit getragen sehen. In dieser psychologischen Gestimmtheit gehen die Berater/innen mit den im Beratungsprozess auftretenden ‚Befremdungen' im Wahrnehmen von Widerständen, Übertragungen und Gegenübertragungen um; sie bewerten und benennen sie im Rahmen ihrer psychologischen Plausibilität" (ebd., S. 48). Kunze sieht in der interkulturellen Beratung Befremdungen, die aus kulturellen und gesellschaftlichen Plausibilitäten entstehen, die den Zugang zu der eigentlichen psychologischen Plausibilität erschweren, was als Belastung der psychologischen Professionalität erlebt werde.

Bei der kulturellen Dimension in der psychosozialen Beratung geht es um die Berücksichtigung verschiedener Aspekte von Kultur und um das Bemühen, kulturelle Diversität zu erfassen, zu beschreiben und diese Erkenntnis für den Beratungsprozess nutzbar zu machen. Im interkulturellen Verständigungsprozess muss die Beratungsperson immer auch ihre eigene kulturelle Verortung erfassen und kritisch hinterfragen. „Kulturelles Verstehen basiert auf der grundsätzlichen Anerkennung der pluralen kulturellen Situation. Dazu gehört auch ein Verständnis für die kulturellen Befangenheiten in psychologischen Modellen wie auch ein Verständnis für die universalen Gemeinsamkeiten" (ebd., S. 51).

Migrationsspezifische und gesellschaftliche Faktoren, von Kunze verallgemeinernd als gesellschaftlicher Bedeutungskontext benannt, umschreiben alle gesellschaftlichen Einflüsse, die im Aufnahmeland Einfluss auf die Migrant/innen haben: Faktoren, die im Laufe der Migration auf die Menschen einwirken, Ausländergesetze und alle anderen staatlichen Vorgaben, die Migrant/innen beachten müssen, gesellschaftliche Aufnahmeregelungen, die

Integrations- und Akkulturationsbemühungen fördern oder auch hemmen können, grundsätzliche Fragen des Umgehens der Mehrheitsbevölkerung mit Minderheiten, Fragen des Machtgefälles, der gesellschaftlichen Teilhabe von Migrant/innen und geflüchteten Menschen, gesellschaftliche Diskriminierung, Rassismus und Vieles mehr. Aber auch Belastungen, die während der Migration auf die Menschen eingewirkt haben, gehören in diesen Kontext. Man denke nur an die oft traumatischen Erlebnisse von geflüchteten Menschen beim Verlassen ihres Heimatlandes, auf den Fluchtrouten, in Booten auf dem Mittelmeer oder in Notaufnahmelagern. Die Wohnsituation in den Flüchtlingsunterkünften und Übergangswohnheimen hier gehört auch dazu.

„Die Berücksichtigung des gesellschaftlichen Kontextes geschieht in einem Klärungsprozess zwischen Berater und Ratsuchenden zu verschiedenen Fragekomplexen. Dazu gehört die Erfassung der Migrationsgeschichte, die gesellschaftliche Stellung des Migranten im Aufenthaltsland, die gesellschaftliche Stellung im Herkunftsland, die Auswirkungen der gesellschaftlichen Situation auf Emotionen und Verhalten des Ratsuchenden" (ebd. S. 56).

Der gesellschaftliche Kontext muss von dem/der Berater/in als solcher verstanden werden und darf nicht ethnisierend/kulturalisierend in einen falschen Bedeutungskontext gestellt werden. Die klare Differenzierung zwischen gesellschaftlichen und kulturellen Faktoren hat sich in der Vermittlung des Kunze-Modells als hilfreich erwiesen, weil dadurch das Einnehmen unterschiedlicher Perspektiven erleichtert wird. Gleichwohl bestehen natürlich Wechselwirkungen zwischen den beiden Bedeutungsfolien, die in der individuellen Fallbearbeitung Berücksichtigung finden sollten. Zum Beispiel könnten unzureichende Sprach- und Integrationskurse dazu führen, dass Migrationsfamilien sich stärker auf ihre Heimatsprache konzentrieren und diese als „vorrangig in der Familie gesprochene Sprache" (Jugendhilfestatistik) verwenden, weil sie hinsichtlich des Erwerbs deutscher Sprachkompetenzen stärker misserfolgsorientiert sind.

Hinweis zur Verwendung des Kunze-Modells in der Beratungsarbeit

Bevor eine Fachkraft einen Fall vorstellt, wird geklärt, dass die anderen Teammitglieder die Falldarstellung aus spezifischen Perspektiven auf sich wirken lassen: Sie setzen jeweils eine gesellschaftliche (Migrations-), kulturelle oder psychologische „Brille“ auf und achten bei der Falldarstellung besonders auf Informationen und Einflussfaktoren aus dem jeweiligen Bereich. Nach Ende der Darstellung können aus den jeweiligen Perspektiven zusätzliche Informations- oder Verständnisfragen gestellt werden. Danach haben die Vertreter der jeweiligen Perspektiven Gelegenheit, sich untereinander auszutauschen, Hypothesen zu bilden oder Erkenntnisdefizite zu benennen. Danach berichten die Vertreter/innen der unterschiedlichen Perspektiven über ihre Erkenntnisse. Es ist von Bedeutung, dass von allen Standpunkten aus Hypothesen gebildet und vorgestellt werden. Die Fachkraft, die den Fall vorgestellt hat, kann aus dieser Perspektivenvielfalt der Fallbetrachtung ihre Schlüsse ziehen, Arbeitshypothesen überprüfen und den Handlungsrahmen für die Weiterführung der Beratung bestimmen.

Diese insgesamt doch wenig spektakulär wirkende Gestaltungsidee für die Fallvorstellung zeigt immer wieder nachhaltige Wirkungen, weil im Fallverstehen Multiperspektivität so unmittelbar und sehr plastisch erfahrbar wird und sich daraus rasch neue Hypothesen, erweiterte Sichtweisen und Handlungsansätze für die weitere Beratungsarbeit ergeben. Das Modell eignet sich hervorragend als alltagspraktische Einübung und Weiterentwicklung interkultureller Kompetenz im Team. Bei wiederholter Anwendung des Modells sollten die Teammitglieder immer wieder unterschiedliche Perspektiven einnehmen.

Zusammenfassend schreibt Kunze zum Umgang mit dem Modell: „Die Arbeit mit den Verständnisfolien dient letztlich dem besseren psychologischen Verständnis der von den Ratsuchenden vorgetragenen Konfliktsituation, in der sich psychische Inhalte, kulturelle, soziale und gesellschaftliche Kontexte überlagern. Dieser Beratungsansatz fördert die migranten- und kultursensible Anwendung psychologischer Interventionen“ (Kunze 2018, S. 62). Der Autor beschreibt aber auch einige „Risiken und Nebenwirkungen“ bei der Anwendung des Modells. Eine schöne Beschreibung des

Kunze-Modells mit Fallbeispiel und Darstellung in Form einer Skulptur wurde bereits 1998 bei der bke-Jahrestagung präsentiert und im Jahr 2000 als Aufsatz durch die bke publiziert (Alberstötter et al. 2000, S. 68–95).

Das interkulturelle Team

Das multiprofessionelle Team gehört nach dem Selbstverständnis der Erziehungsberater/innen zu den Kernqualitäten institutioneller Erziehungsberatung, ebenso wie die Vielfalt der in der Beratungsstelle vertretenen Methoden fachlichen Handelns, therapeutische oder beraterische Zusatzausbildungen, Supervision und Intervision. Eine Erweiterung der Sprachkompetenzen in der Beratung durch muttersprachliche oder fremdsprachige Beratungsfachkräfte bedeutet eine zusätzliche Bereicherung eines Fachteams. Darüber hinaus kann migrations- und kultursensible Beratung besonders gut in einem interkulturellen Team gedeihen, in dem genau diese Besonderheit konzeptionell verankert ist.

Merkmale eines interkulturellen Teams

- Das Team ist ethnisch, kulturell, weltanschaulich heterogen zusammengesetzt.
- Fachkräfte mit und ohne Migrationshintergrund führen Beratungen mit Ratsuchenden mit und ohne Migrationshintergrund durch. Fachkräfte mit Migrationshintergrund beraten auch Deutsche, Berater/innen ohne Migrationshintergrund auch Migrationsfamilien. Clusterbildungen finden nicht statt.
- Die Sprache in der Beratung richtet sich nach den Bedürfnissen der Ratsuchenden: Deutsch oder eine andere Brückensprache, die Herkunftssprache der Klient/innen oder sprachliche Mischformen, auch innerhalb einer Familie. Beratungen in anderen Sprachen werden von Muttersprachlern ebenso durchgeführt wie von Fremdsprachlern (Deutsche mit anderen Sprachkompetenzen).
- Das Zusammenarbeiten im interkulturellen Team bewirkt eine erhöhte Sensibilität für kulturelle, religiöse und Wertekonflikte, für

gesellschaftliche Einflussfaktoren wie Diskriminierungen, Ungleichbehandlung, unzureichende Partizipation. Das interkulturelle Team bietet beste Voraussetzungen, sich mit diesen Fragestellungen auseinanderzusetzen, authentische Positionen zu formulieren und Handlungsoptionen für die Berater/innen zu entwickeln.

- Multiethnisch und multikulturell zusammengesetzte Teams als eine Art Mikrokosmos der gesellschaftlichen Diversität erkennen häufig Versorgungsdefizite (z. B. für bestimmte Sprachgruppen oder für Populationen mit besonderem Beratungsbedarf) frühzeitig und können auf eine Verbesserung der Versorgungslage hinwirken.
- Das kritische Bewusstsein für die jeweils eigenen kulturellen und gesellschaftlichen Prägungen der einzelnen Teammitglieder ist im interkulturellen Team präsent und wird in die Diskussionsprozesse eingebracht. Da Kultur- und Migrationssensibilität als lebendiger Prozess verstanden wird, werden auch Struktur und Handlungsabläufe der interkulturellen Beratungsstelle auf ihre Wirksamkeit hin hinterfragt und – wo nötig – verändert.

Kunze bezeichnet das interkulturelle Team als einen „zentralen Reflexions-, Verständigungs- und Verstehensraum im migranten- und kultursensiblen Setting (…)" (ebd. S. 81). Aus seiner langjährigen Erfahrung als Leiter einer interkulturellen Erziehungsberatungsstelle kann der Autor dem nur beipflichten. Einschränkend muss jedoch erwähnt werden, dass eine interkulturelle Zusammensetzung eines Teams alleine lange noch nicht für die hier idealtypisch zusammengetragenen Qualitätsmerkmale steht. Es bedarf auch einer sehr feinfühligen und achtsamen Personalentwicklung, einer vom Träger mit getragenen interkulturellen Gesamtkonzeption und Persönlichkeiten, die mit kultur- und migrationssensibler Orientierung ein Team begeistern und für das Anliegen gewinnen können. Außerdem existieren konsequent interkulturell konzipierte Beratungseinrichtungen bundesweit nur an wenigen Orten, sie stellen nicht den Standard für psychosoziale Beratungsstellen dar. Sie können aber als Benchmark für interkulturelles Beratungshandeln eine Orientierung darstellen für Einrichtungen, die sich auf den Weg machen, sich interkulturell zu öffnen.

Präventive Arbeit mit Migrationsfamilien

Auch wenn in Erziehungsberatungsstellen überwiegend Beratung als Hilfe zur Erziehung nach § 28 SGB VIII durchgeführt wird, stellen präventive Angebote der Einrichtungen ebenfalls einen bedeutsamen Teil der fachlichen Arbeit dar. Ob nun offene Sprechstunden, Vorträge in Schulen und Kitas, Mitgestaltung von Elternabenden vor Ort, Elternkompetenzkurse oder präventive Angebote für Kinder oder Jugendliche, das alles gehört zu den Angeboten von Erziehungsberatungsstellen. Die stehen natürlich auch Migrationsfamilien zur Verfügung. Dennoch lohnt es, etwas genauer hinzuschauen:

- Wie schon häufiger betont, üben viele Migrationsfamilien Zurückhaltung gegenüber der Institution, die sie nicht kennen. Oft besteht auch Scheu, familiäre Schwierigkeiten oder Defizite im Erziehungsverhalten preiszugeben. Zugleich wissen wir, dass viele unserer Migrationsfamilien aus kulturellen Vorstellungen gemeinschaftlicher Orientierung stammen. Da liegt der Schluss nahe, dass präventive Angebote, die Fehlentwicklungen vorbeugen sollen, von Migrationseltern gut angenommen werden könnten. Auch kann das Bearbeiten von Fragestellungen in einer Gruppe mit anderen, die ähnliche Fragestellungen haben und in vergleichbaren Lebenssituationen stecken, die Hemmschwelle senken und Offenheit wachsen lassen.

BEISPIEL

In der Beratungsstelle des IFZ wird seit Jahren sehr erfolgreich ein selbst entwickeltes präventives Programm angeboten, das den Titel trägt: „Bevor die Fragen zum Problem werden." Die rege Nachfrage ergibt sich nicht nur aus der Tatsache, dass der Kurs auch in Türkisch angeboten wird, vermutlich auch aus seinem programmatischen und stark motivierenden Titel.

- Familien mit Migrationshintergrund, gerade solche, die im Herkunftsland sozialisiert wurden und noch nicht lange im

Aufnahmeland sind, haben häufig Fragen, die sich hier sozialisierten Familien gar nicht stellen. Diese Fragen, die uns oft ziemlich banal vorkommen mögen, sind für solche Familien von großer Bedeutung. Sie stellen zu dürfen und beantwortet zu bekommen, bedeutet für die Betroffenen eine große Hilfe und Erleichterung.

EINIGE BEISPIELE

für solch „banale" Fragestellungen

- Warum ist Spielen für Kinder wichtig und keine vergeudete Zeit?
- Was für Spielzeug ist gut für mein Kind?
- Wofür ist die Kita gut? Sollte mein Kind nicht besser zu Hause bleiben?
- Was brauchen die Kinder bei der Einschulung?
- Wie kann ich meinem Kind in der Schule helfen?

- Die Beratungsstelle ist dabei durchaus der richtige Ort für die Klärung solcher Fragen. Denn erfahrungsgemäß entwickeln sich aus den „Grundlagenfragen" häufig spezifischere zu Familie, Entwicklung und Erziehung, die leichter gestellt werden, wenn das Vertrauen in die Institution hergestellt ist.
- Auch wenn es sinnvoll erscheint, dass präventive Angebote so gestaltet werden, dass sie alle Nutzer (mit und ohne Migrationshintergrund) ansprechen, kann es dennoch sinnvoll sein, gruppen- oder sprachenspezifische Präventionsmaßnahmen durchzuführen: Wenn die deutschen Sprachkompetenzen noch nicht ausreichen, greifen Eltern gerne auf muttersprachliche Angebote zurück, aber auch, weil sie annehmen, dass sie in einer kulturhomogenen Gruppe auf Menschen treffen, die ähnlich sozialisiert sind und deshalb mit ihnen besser den Abgleich zwischen Normen des Herkunfts- und des Aufnahmelandes diskutieren können. Die Erfahrung einer Beratungsstelle, die ein breites präventives Spektrum anbietet, ist eindeutig: Das Interesse von Eltern aus Migrationsfamilien an präventiven Angeboten ist groß, vor allem, wenn sie sich nach ihren Bedürfnissen richten.

BEISPIEL

Die Kollegin, die in der Erziehungsberatungsstelle des IFZ den Kurs „Starke Eltern- Starke Kinder" in Deutsch und in Türkisch durchführt, wurde von einem äthiopischen Elternverein angefragt, ob sie den Kurs in deren Verein anbieten könne. Das geschah dann zur größten Zufriedenheit der Nutzer/innen. Offensichtlich war hier nicht die Sprache wichtig (der Kurs fand in Deutsch statt), sondern die Tatsache, dass die Eltern sich im Rahmen ihrer ethnischen Migrantenselbstorganisation über Erziehung austauschen konnten, was die Nachhaltigkeit des Kompetenzzuwachses vermutlich erheblich vergrößerte.

- Es gibt Themen, die sich für präventive Angebote eignen, aber vor allem binationale und Migrationsfamilien betreffen: die Fragestellung z. B, wie man die Kinder mehrsprachig erziehen kann, welche Methoden und Strategien sich in den Familien dafür eignen, welche Fehler man machen bzw. wie man sie umgehen kann, eignet sich hervorragend für einen Erfahrungsaustausch betroffener Eltern mit fachlichem Input.
- Vätergruppen für Väter aus muslimischen Ländern sind ein weiteres Beispiel, das zeigen kann, dass ein zielgruppenspezifisches präventives Angebot sehr hilfreich sein kann, weil die angesprochene Gruppe (zumindest anfänglich) einen ‚Schutzraum' nutzen kann, um Erfahrungen in der eigenen Sozialisation, Überprüfung individueller und kollektiver Werte usw. behutsam zu besprechen. Daraus können sich dann Modifikationen in Einstellungen, Haltungen und auf der Handlungsebene ergeben. Seiffge-Krenke benennt Resilienzfaktoren bei Migrationsvätern und betont anhand einiger Studien, dass bisweilen „Einwanderungsväter als Musterbeispiel für Modernisierungsprozesse" (Seiffge-Krenke 2016, S. 173) mit erstaunlich modernen Erziehungsvorstellungen gelten können. Allerdings beleuchtet sie ebenfalls die Faktoren väterlicher Gewalt in Einwanderungsfamilien (ebd. S. 178–180).

Die bekannteste Vätergruppe ist die Gruppe türkischer Väter in Berlin-Neukölln, ins Leben gerufen von dem Psychologen Kazım Erdoğan. Unter dem schönen Motto „Miteinander reden, gemeinsam erleben, zusammen bewegen“ werden (nicht nur) Gruppen für Väter angeboten. Über diese heißt es: „In der Gruppe werden Themen der Integration und der Toleranz behandelt. Wir sprechen über Ehe und Familie, gewaltfreie Erziehung, den Umgang mit Medien, Suchtthematiken und die Sexualität.“ Siehe auch: https://aufbruch-neukoelln.de

- Familien mit Fluchterfahrung stellen sich nach dem Ankommen zahlreiche Fragen, die mit der Unkenntnis über unsere gesellschaftlichen Normen und Übereinkünfte zu tun haben: das hiesige Erziehungs- und Bildungssystem, Erziehungsnormen, Werthaltungen, Verstehen von gesetzlichen Normen, z. B. gewaltfreie Erziehung oder Kinderschutz, unser Verständnis von Kindheit und kindlicher Entwicklung. Mit dem Wunsch nach Heimischwerden in unserer Gesellschaft ist bei den meisten Familien die Bereitschaft vorhanden, all dies zu lernen und eigene Werte mit den hiesigen zu vergleichen. Aber auch das Leben in Gemeinschaftsunterkünften mit oft unzureichenden Rückzugsmöglichkeiten der Familien wirft Probleme auf, die Lösungen erfordern. Darum scheint es schon von Anfang an sehr wichtig zu sein, Flüchtlingsfamilien präventive Angebote mit erklärenden, aufklärenden und Ressourcen fördernden präventiven, auch psychoedukativen Maßnahmen zu machen. Aber Psychoedukation sollte dabei weniger einen belehrenden als einen Kommunikation und Austausch fördernden Charakter haben.

Viele gebräuchliche Elternkompetenzprogramme haben Module in ihr Curriculum aufgenommen, die Migrationsklientel oder speziell Eltern mit Fluchthintergrund stärker berücksichtigen sollen. Paruch und Röhrle heben besonders das Programm „Eltern-AG“ hervor, das als Zielgruppe Menschen mit benachteiligendem sozioökonomischem Status, explizit auch Migrant/innen benennt

(Paruch und Röhrle 2013, S. 91). Siehe auch: www.eltern-ag.de . Abdallah-Steinkopff stellt umfassend die divergierenden Lebensuns Sozialisationsbedingungen von Migrations- und Flüchtlingsfamilien dar und leitet daraus die Notwendigkeit für kultur- und migrationssensible Coachings ab. Sie stellt das bei Refugio München für Migrant/innen und Geflüchtete adaptierte und weiterentwickelte Programm „Eltern aktiv" vor. Dessen Besonderheit darin liegt, dass die Migrationsbedingungen, die kulturelle Prägung, jeweilige Sozialisation, besondere Belastungen und aktuellen Lebensbedingungen der betreffenden Eltern sehr stark in das Programm Eingang finden. Eine Neugestaltung des Erziehungsverhaltens, eine damit einhergehende Stärkung der elterlichen Erziehungskompetenzen und Methoden der Stabilisierung einer sicheren Bindung zwischen Eltern und Kindern stehen im Mittelpunkt des Programms (vgl. Abdallah-Steinkopff 2018).

Es ist sinnvoll, sich bei der zu versorgenden Migrationsklientel genau zu informieren, welche Bedarfe vorhanden und welche Settings erfolgversprechend sind. Darauf aufbauend können spezifische Angebote für Migrationsfamilien oft hilfreich und angemessen erscheinen. Gleichwohl sollte die Zielvorstellung im Auge behalten werden, dass gemischte Gruppen mit Menschen unterschiedlicher Herkunft, Sozialisation und Lebenseinstellung – wo immer es geht – gemeinsam Angebote wahrnehmen und mit- und voneinander lernen können. Denn Prävention verfügt über ein hohes Integrationspotenzial, das es zu nutzen gilt.

Kultur- und migrationssensibler Kinderschutz

Die Wahrung und der Schutz des Kindeswohls sind Aufgaben, die in der Gesellschaft, besonders auch in der Jugendhilfe, in den letzten Jahren eine zentrale Bedeutung gewonnen haben. Die Rechte der Kinder, auch das auf gewaltfreie Erziehung, und der Schutz vor Kindeswohlgefährdungen sowie sexueller, körperlicher und psychischer Gewalt im häuslichen und sozialen Umfeld sind Maximen, die das fachliche Handeln in der sozialen, psychosozialen und pädagogischen Arbeit prägen. Dennoch oder auch gerade deswegen gilt es sich zu vergegenwärtigen, „[...] dass Kindeswohl und Kinderschutz soziale Konstrukte sind, [...] (die) immer auch Gegenstand gesellschaftlicher Aushandlungs- und Zuschreibungsprozesse sind" (Seckinger 2012, S. 28). Die können unter anderen gesellschaftlichen und kulturellen Rahmenbedingungen gänzlich anders geregelt sein als bei uns. Und damit ist die Notwendigkeit einer kultursensiblen Betrachtung von Kindeswohl und dessen Gefährdung umschrieben.

Das bedeutet aber nicht, Gefährdungen zu verharmlosen. Das Schutzbedürfnis von Kindern und Jugendlichen, die Grundwerte und Normen des gleichberechtigten Miteinanders in der Gesellschaft dürfen nicht durch falsch verstandene Akzeptanz gegenüber kultureller Differenz relativiert oder ausgehebelt werden. Vielmehr müssen Belastungs- und Gefährdungsmomente im komplexen Kontext von Familie, gesellschaftlicher Einbindung, Migrationsgeschichte und kultureller Prägung nachvollzogen werden. Seckinger formuliert dazu weiter: „Das bedeutet keinen Werterelativismus, weil die Gesellschaft eindeutige rote Linien gesetzt hat. Kinder haben das Recht darauf, in Würde aufzuwachsen, in ihrer Entwicklung gefördert zu werden und auf körperliche und psychische Integrität. Können die Eltern das nicht sicherstellen, so hat der Staat diesen Schutzauftrag zu übernehmen. Dies ändert aber nichts daran, dass das, was als gefährdend eingeschätzt wird, sozial konstruiert ist. Notwendig ist, immer wieder zu prüfen, welche Funktionen Gefährdungseinschätzungen tatsächlich erfüllen und auf welcher Basis sie getroffen werden. Insbesondere mit Blick auf Familien mit Migrationshintergrund erscheint dieser Schritt unbedingt erforderlich, da man offensichtlich dazu neigt, Fremdes als Gefahr zu definieren" (ebd., S. 28f).

Jagusch arbeitet als weiteren Aspekt die Selbstreflexion der Fachkräfte heraus: „Diversitätsbewusstsein im Kinderschutz lässt sich charakterisieren als grundlegende selbstreflexive Haltung von Personen [...]. Diese impliziert das Bewusstsein darüber, dass sich

Migrationsprozesse auf Familiensysteme und die einzelnen beteiligten Individuen auswirken sowie mit einer Reihe an spezifischen Herausforderungen (auf psycho-emotionaler wie auch sozio-ökonomischer, rechtlicher, kultureller und bildungsbezogener Ebene) verknüpft sein können." (Jagusch 2018, S. 207)

In einer bke-Stellungnahme werden die Begriffe kultur- und migrationssensibler Kinderschutz so definiert: „*Kultursensibler Kinderschutz* beschäftigt sich mit kulturellen Beweggründen des Erziehungsverhaltens von Eltern, die diese aus ihrer Heimatkultur verinnerlicht und sich zumeist im Rahmen ihrer eigenen Sozialisationsgeschichte angeeignet haben. *Migrationssensibler Kinderschutz* berücksichtigt in besonderer Weise die Risiko- bzw. Wirkfaktoren, die auf eine Familie und ihre erzieherischen Kompetenzen im Verlauf ihrer Migration Einfluss genommen haben (z. B. Gewalterfahrungen auf der Flucht oder Entwurzelungserfahrungen bei unzureichender Migrationsvorbereitung), aber auch Belastungen, die durch die Aufnahmegesellschaft auf Migrationsfamilien einwirken (z. B. Rassismus, Diskriminierung, Ausschluss von gesellschaftlicher Partizipation). Eine kultur- und migrationssensible Wahrnehmung des Schutzauftrags bei Kindeswohlgefährdung berücksichtigt beide Aspekte. Es geht darum zu gewährleisten, dass alle jungen Menschen das bekommen, was sie brauchen, um gut und sicher aufzuwachsen" (bke 2018, S. 4).

Betrachten wir die kulturbedingten Wirkfaktoren, so wird in der Literatur immer wieder auf die unterschiedlichen Sichtweisen in kollektivistisch und individualistisch geprägten Kulturen hingewiesen. Die *kollektivistische Erziehung* wird auch als *familienorientiert* bezeichnet oder als *Modell hierarchischer Verbundenheit*: Die Einbindung des Einzelnen in die soziale Gemeinschaft wird als wichtiger erachtet als die Entfaltung individueller Fähigkeiten. Es herrscht eine patriarchalische Hierarchie vor, die Stellung der einzelnen Familienmitglieder in dieser Hierarchie ist meist sehr eindeutig geregelt, z. B. die besondere Rolle älterer Geschwister gegenüber den jüngeren oder die Rolle der Stellvertretung des Familienoberhauptes bei dessen Abwesenheit. Als angestrebte Erziehungsziele gelten Respekt, Gehorsam, Hilfsbereitschaft, gute Manieren, das Einfügen in die tradierten hierarchisch-patriarchalen Muster, das Zurückstellen individueller Interessen gegenüber derer der Gemeinschaft.

Dieses Modell kollidiert stark mit den hier herrschenden individualistischen Erziehungsnormen, was natürlich die Gefahr schwer überbrückbarer Widersprüche birgt, z. B. bei Fragen der Familienehre, der Anbahnung von Familienneugründungen im sehr weiten Spektrum zwischen arrangierter Eheschließung und Zwangsverheiratung, die Ablehnung des Konzepts einer Liebesheirat, die geforderte untergeordnete Stellung der Frau und vieles mehr.

Aber mit der Familienorientierung des kollektivistischen Konzepts können auch nutzbare Ressourcen verbunden sein: stabile Einbindung in ein familiäres und soziales Gefüge, was helfen kann, soziale Isolation zu kompensieren und gerade in den ersten Phasen der Migration Sicherheit und Schutz gewährt.

Darstellung eines sehr traditionellen kollektivistischen Erziehungskonzepts

Toprak und El-Mafaalani (2015) skizzieren die traditionell-konservative türkische Erziehung folgendermaßen:

- „Abhängigkeit des Kindes von Außenkontrolle (Mutter oder andere Erwachsene)
- starke soziale Kontrolle des Verhaltens des Kindes
- Gehorsam, Verlässlichkeit, Loyalität, Respekt vor Autoritäten, Rücksichtnahme als wichtigste Erziehungsziele
- Erziehung der Jungen zu mehr Unabhängigkeit & Aggressivität, der Mädchen zu Abhängigkeit, Ergebenheit & Nähe zu Mutter
- Jungen sollen dominant, männlich, selbstbewusst sein, Mädchen schamhaft, zurückhaltend, gehorsam, ehrenhaft.

Sie betonen, diese Erziehung sei „eine Wunschvorstellung des traditionellen türkischen Arbeitermilieus in Deutschland, die sich an die Erziehungsideale der ländlich-provinziellen Türkei anlehnt“ (ebd. S. 250).

Hierzu muss der Hinweis gegeben werden, dass die beschriebene Gruppierung, die in den ersten Jahrzehnten der Arbeitsmigration nach

Deutschland bestimmt eine größere Bedeutung hatte, heute keineswegs als exemplarisch für das Erziehungsverhalten in Migrationsfamilien gelten kann. Das Wissen um die Diversität der Migrantenmilieus erfordert einen differenzierenden Blick auf die betroffenen Familien. Aber Achtung: Möglicherweise sind die Klischees, die die Beratungsfachkräfte über Erziehungsverhalten in Migrationsfamilien im Kopf haben, oft nicht so weit von der zitierten Beschreibung entfernt!

Im Gegensatz dazu scheint uns die individualistische Orientierung in der Erziehung sehr viel vertrauter: Frühe Förderung von Autonomie und Selbstständigkeit, Entfaltung der individuellen Fähigkeiten und Fertigkeiten, Erziehung zu Kritikfähigkeit, Selbstverantwortlichkeit und -bewusstsein sind Merkmale eines am Individuum orientierten Konzeptes, das schon in der frühen Eltern-Kind-Beziehung und in der frühkindlichen Pädagogik seine prägende Wirkung entfaltet. Allerdings sind wir in der Beratung auch mit negativen Auswirkungen dieser Grundhaltungen konfrontiert: Gestresste Kinder, die schon im frühesten Alter immer neue Kompetenzen erwerben müssen, damit sie im gesellschaftlichen Konkurrenzdenken eine bessere Ausgangsposition erreichen; egozentrische Verhaltensweisen, die antisoziale Züge aufweisen und überforderte Eltern, die vor lauter Fördern und Fordern die Beziehung zu ihren Kindern verkümmern lassen, obwohl das Gebot der guten Eltern-Kind-Beziehung in Abgrenzung zu autoritären Erziehungsnormen eigentlich auch selbstverständlicher Bestandteil des Erziehungsverhaltens ist.

Dennoch muss man sich vergegenwärtigen, dass Erziehungsnormen einem ständigen Wandel unterliegen. Betrachtet man hiesige Erziehungsvorstellungen aus den 50er-Jahren des letzten Jahrhunderts, sind hohe Übereinstimmungen mit den zuvor beschriebenen kollektivistischen Erziehungsnormen erkennbar (s. hierzu Uslucan 2015, S. 15).

In der Literatur werden immer wieder soziale Faktoren für das Risiko von Kindeswohlgefährdungen geschildert, die nicht migrantenspezifisch sind, aber Migrationsfamilien doch häufiger betreffen. Uslucan spricht von riskanten Bedingungen des Aufwachsens. „Kinder und Jugendliche mit Migrationshintergrund leben häufig in entwicklungsgefährdenden Kontexten, die sowohl durch sozialstrukturelle Bedingungen wie Armut, Arbeitslosigkeit der Eltern, gesellschaftliche Ausgrenzung als auch durch geringere Ressourcenausstattung im familialen Umfeld (geringere erzieherische Kompetenzen, widrige familiale Umstände etc.) entstanden sein können“ (Uslucan 2010, S. 152f).

Folgende Merkmale werden häufiger als potenziell entwicklungsgefährdend benannt, aber die Erkenntnisse hierzu sind widersprüchlich:

- *Kinderreiche Familien*: Durch die größere Kinderzahl könnten die Eltern den einzelnen Kindern weniger Aufmerksamkeit schenken. Die Geschwister beziehen sich mehr auf einander, haben dadurch aber weniger Peer-Kontakte. Allerdings scheint sich das nur auf Peer-Kontakte zu Gleichaltrigen ohne Migrationshintergrund zu beziehen, während Peer-Kontakte innerhalb der eigenen Community nicht eingeschränkt sind.
  In sehr kinderreichen Familien besteht für die Ältesten das größte Entwicklungsrisiko. Sie werden mit Versorgungsaufträgen für jüngere Geschwister ausgestattet und bei Problemen auch zur Verantwortung gezogen.
  Laut Zusatzuntersuchung zum Kinderpanel des Deutschen Jugendinstituts (DJI) scheinen mehr als drei Geschwister in Migrationsfamilien das „familiale Sozialkapital“ eines Kindes zu schmälern, was für Kinder ohne Migrationshintergrund nicht zutrifft. Ein Einfluss auf außerfamiliale Netzwerkressourcen ist bei Migrantenkindern nicht feststellbar (vgl. Marbach 2006, S. 10f)
  Allerdings ist der als belastend dargestellte Faktor höhere Kinderzahl auch als Ressource zu betrachten: Der Zusammenhalt unter den Geschwistern bietet Interaktionspartner und Hilfe, stellt Geborgenheit und Schutz her, ganz im Sinne der kollektivistischen Familienorientierung.

- *Geringer Altersabstand zwischen Geschwistern*: Einige Zahlen deuten darauf hin, dass ein geringer Altersabstand (< 2 Jahre) zwischen Geschwistern in Migrationsfamilien sehr viel häufiger zu sehen ist als in Familien ohne Migrationshintergrund (ebd. S. 87). Aufgrund dessen kommt es bei Geburt eines Geschwisters zu einer zu frühen „Entwöhnung" des Kleinkinds von mütterlicher Zuwendung was zu Deprivationserlebnissen und unsicheren Bindungen führen kann. Für ältere Kinder besteht das Risiko einer „Übersozialisierung" und Vernachlässigung alterstypischer kindlicher Bedürfnisse. Sie werden von den Eltern oft als reifer angesehen und daher altersinadäquat in Verantwortlichkeiten für jüngere einbezogen.
  Die Zusatzerhebung zum Kinderpanel des Deutschen Jugendinstituts (DJI) konnte das nicht bestätigen. Eine Auswirkung des geringen Altersabstands war nicht nachweisbar. (Ebd., S. 111)

- *Jüngere Mütter*: Im Allgemeinen haben diese aufgrund geringer Kenntnisse über kindliche Entwicklung auch eine geringere Feinfühligkeit gegenüber den Babys und Kleinkindern und neigen häufiger zu Erziehungseinstellungen, die Strafen bevorzugen. Die Erziehungs- und Pflegequalität der jungen Mütter ist deutlich niedriger, insbesondere bei jugendlichen Müttern, die als Hochrisikogruppe gelten. Dabei folgen Migrantinnen häufiger den Traditionen des Herkunftslandes und heiraten jung und werden früh schwanger. Uslucan schlägt vor, Migrationsfamilien intensiver über die Risiken von Frühverheiratung und Frühschwangerschaften aufzuklären. (Uslucan 2010, S. 154)

- *Häufigere familiäre (Partnerschafts-)Gewalt gegen Migrantinnen*: Dies könnte bedeuten, dass viele Migrantinnen so sozialisiert sind, dass sie aufgrund der patriarchalen Familienstrukturen und Unterdrückung der Frauen eher bereit sind, häusliche Gewalt gegen Frauen und die Missachtung ihrer Rechte hinzunehmen und nicht dagegen aufzubegehren.

- *Häufigere väterliche Gewalt in Migrationsfamilien*: Seiffge-Krenke vermutet, dass diese auf ein unterschiedliches Akkulturationstempo und verschärfte Generationenkonflikte zurückzuführen sei. „Möglicherweise ist Gewalt, gegen die eigenen Kinder oder den Ehepartner gerichtet, ein Ausdruck des Misslingens dieser schwierigen Syntheseleistungen. Auch die Ungleichheit der materiellen Ausstattung von einheimischen und zugewanderten Familien muss bedacht werden." (Seiffge-Krenke 2016, S. 178)

Befunde kulturvergleichender und milieuvergleichender Forschungen kommen zudem zu dem Ergebnis, dass dieselben Erziehungspraktiken (z. B. leichte körperliche Bestrafungen) unterschiedliche Auswirkungen zeigen und auch in unterschiedlichen gesellschaftlichen Milieus unterschiedlich konnotiert werden. (Ebd., S. 157f)

Allerdings gleichen sich die Lebenslagen der Kinder bzw. Familien mit und ohne Migrationshintergrund im Kontext Kinderschutz an vielen Stellen. Der Migrationshintergrund einer Familie stellt keineswegs a priori einen Risikofaktor für Kindeswohlgefährdungen dar. Vielmehr spielen andere Faktoren wie Armut, Familienstatus und Bildungsbenachteiligung eine wesentlich größere Rolle.

Das ist bereits eine Quintessenz des Forschungsprojekts „Migrationssensibler Kinderschutz", das von 2008 bis 2011 vom Institut für Sozialpädagogische Forschung Mainz e.V. in Kooperation mit der internationalen Gesellschaft für erzieherische Hilfen e.V. durchgeführt wurde. (S. hierzu ausführlich Jagusch; Sievers; Teupe 2012)

An dieser Stelle können die Ergebnisse der Studie nicht angemessen dargestellt werden, einige wenige sollen aber kurz erwähnt werden:

Deutlich überrepräsentiert waren in der Studie Familien mit alleinerziehendem Elternteil, kinderreiche Familien (3 und mehr Kinder) und Mütter, die bei der Geburt ihres Kindes minderjährig waren.

Die Studie trägt eine Fülle von Daten zusammen, z.B. wie sich Hinweise und Meldungen an das Jugendamt bei Familien mit und ohne Migrationshintergrund unterscheiden. So wurden Verdachtsmeldungen bei Migrationsfamilien erheblich häufiger durch Schule und Polizei an das Jugendamt weitergegeben als bei Familien ohne Migrationshintergrund, erheblich seltener dagegen durch Ärztinnen/Ärzte. Bei Familien ohne Migrationshintergrund gab es mehr anonyme Meldungen und solche durch den anderen Elternteil oder Verwandte. Verwandte traten als Melder bei Migrationsfamilien dagegen fast gar nicht in Erscheinung.

Am häufigsten wurde als Gefährdungslage Vernachlässigung angegeben, dabei bei Familien ohne Migrationshintergrund deutlich häufiger. Partnerschaftsgewalt und häusliche Gewalt sowie körperliche Misshandlung wurden dagegen bei Migrationsfamilien häufiger festgestellt.

Besonders aufschlussreich erscheint in der Studie der Blick auf die Mitarbeiter/innen im Sozialen Dienst, die die Kinderschutzmeldungen zu bearbeiten hatten. So war erkennbar, dass die Unsicherheit in der Einschätzung einer Kindeswohlgefährdung bei Migrationsfamilien deutlich größer war. In 42,5 % der Meldungen, die Migrationsfamilien betrafen, konnten die Fachkräfte nicht klar eine Gefährdung feststellen oder ausschließen, bei den Nicht-Migrantenfamilien waren es nur 34,1 %.

Das erklärt sich möglicherweise mit der größeren Unsicherheit, mit der die Fachkräfte den Migrationsfamilien gegenübertreten. Sie gaben an, dass sie sich oft schlecht sprachlich verständigen konnten, waren unsicher wegen der religiösen und kulturellen Besonderheiten der Familien und hatten den Eindruck, zu den Müttern, Vätern und Kindern der Familien schwerer einen Zugang zu finden als bei Familien ohne Migrationshintergrund. Das wirkte sich offenbar auch aus auf die Interventionen der Mitarbeiter/innen der Jugendämter: Sie führten bei Migrationsfamilien deutlich seltener unangemeldete Hausbesuche durch als bei ‚deutschen', stattdessen luden sie sie häufiger ins Jugendamt ein. Die Einleitung von Hilfen zur Erziehung oder anderen Jugendhilfemaßnahmen war bei Familien mit Migrationshintergrund seltener als bei solchen ohne Migrationshintergrund, und zwar unabhängig davon, ob eine Kindeswohlgefährdung festgestellt, ausgeschlossen oder nicht eindeutig geklärt worden war.

Gerade der Einblick in die Arbeit der Sozialen Dienste vor Ort macht deutlich, dass es in Fragen des Kinderschutzes bei Migrationsfamilien nicht nur kulturspezifische Aspekte gibt, sondern auch den gesellschaftlichen. Unsicherheiten der Fachkräfte im Umgang mit den Familien, sprachliche Verständigungsschwierigkeiten, Ungleichbehandlungen, was Handlungsschritte und Jugendhilfemaßnahmen angeht, sind Herausforderungen für den öffentlichen Jugendhilfeträger, die im Sinne eines verbesserten kultur- und migrationssensiblen Kinderschutzes angegangen werden müssen.

Vermutlich offenbart sich hier aber ein Problem, das sich nicht auf den Sozialen Dienst beschränkt: Beim prekären und hoch sensiblen Thema Kindeswohlgefährdung begegnen die Fachkräfte – auch in den psychosozialen Beratungsdiensten – in besonderer Weise eigenen Unklarheiten oder Unwissen über kulturelle Gepflogenheiten, Erziehungsnormen und -praktiken in Migrationsfamilien und Verunsicherung über eigene kommunikative Kompetenzen bei diesem schwierigen Thema. Sie sind mit der Problematik konfrontiert, mit massiven Normenkonflikten umzugehen, und das in einer möglicherweise akuten Gefährdungssituation.

Die zentralen Ergebnisse der Studie lassen sich so zusammenfassen:

- der Migrationshintergrund ist per se *kein* Risikofaktor: In den beteiligten Projektbezirken entsprach der Anteil der Kinder und Jugendlichen mit Migrationshintergrund an allen Kindern und Jugendlichen in der Gesamtbevölkerung prozentual dem Anteil der Kinder und Jugendlichen mit Migrationshintergrund in Kinderschutzverdachtsfällen.
- Die Vielfalt der Migrationsgeschichten/-biographien machte deutlich, dass der Blick auf den Einzelfall notwendig ist. Er sollte z. B. Aufenthaltsstatus, Sprache, differierende Lebensent-

würfe, Diskriminierungserfahrungen etc. berücksichtigen und migrationssensibel sein, d. h. auch, nicht kulturalisieren.

Abschließend soll noch einmal zusammengetragen werden, was in der kultursensiblen Beratung in Kinderschutzfragen besonders zu beachten ist. Nicht jeder der folgenden Punkte ist dabei ausschließlich auf Migrationsklientel konzentriert.

Kultursensible Beratung in Kinderschutzfragen

- Es ist eine umfassende individuelle Diagnostik notwendig, erfasst werden müssen der kulturelle Kontext, das soziale Umfeld und der sozioökonomische und der Aufenthaltsstatus. Das erfordert viel Zeit und Geduld.
- Die Fachkräfte sollten ihre eigene Haltung und die bereitgestellten Instrumente (auch Checklisten) auf ihre Brauchbarkeit im aktuellen Fallgeschehen überprüfen.
- Eine kooperative Haltung und die Förderung der Partizipation der Klient/innen durch Transparenz der nachfolgenden Schritte und Maßnahmen stärken die Beratungsbeziehung. Die gute sprachliche Verständigung muss gewährleistet werden, ggf. durch eine fachlich qualitätsvolle Sprachvermittlung.
- Geeignete Kooperationspartner/innen aus dem kulturellen Umfeld der Klient/innen sollten wenn möglich einbezogen werden. Diese müssen aber das Vertrauen der Klient/innen genießen.
- Die Rolle der Eltern und ihr Bemühen um eine ‚gute' Erziehung (auch wenn möglicherweise inakzeptable Methoden angewandt wurden) sollten durch die Fachkraft Wertschätzung erfahren. Das ermöglicht den Eltern, die Überprüfung einer möglichen Kindeswohlgefährdung nicht nur als Versagen oder Demütigung zu erfahren.
- Die Fachkraft sollte die besonderen Anstrengungen und psychischen Belastungen des Migrations- und Akkulturationsprozesses der Familien verstehen und anerkennen.
- Vorhandene Fragestellungen, Probleme und Gefährdungslagen müssen klar, aber wertschätzend angesprochen werden. Das gemeinsame Interesse an einer gedeihlichen Entwicklung des Kindes sollte hervorgehoben werden.
- Gerade bei Fragestellungen im Zusammenhang mit Kinderschutz ist notwendigerweise eine starke Problemorientierung vorhanden. Aber

auch in dieser Situation sollte eine Haltung der Fachkräfte erkennbar sein, dass Ressourcen der Familien gesucht, anerkannt und gefördert werden.

- Zur Unterstützung der Familien und bei drohender Kindeswohl-Gefährdung sollten im Rahmen eines Schutzplans geeignete kultur- und migrationssensibel angelegte Hilfen zur Erziehung gewählt werden. Diese müssen so gut erklärt werden, dass die betroffenen Familien sich bewusst darauf einlassen.
- Sind Fremdunterbringungen nicht zu vermeiden, sollte auch nach geeigneten familiennahen Lösungen gesucht werden.
- Bei „größeren" Hilfen, insbesondere Fremdunterbringungen in Pflegefamilien oder Heimen, sollten Einrichtungen und Fachkräfte aus dem Kulturkreis der betroffenen Familien gesucht und eingebunden werden.

Besonderheiten der Beratung mit geflüchteten Familien

Die Fluchtbewegung nach Europa, die seit 2014 verstärkt stattfand, hat erhebliche gesellschaftliche Auseinandersetzungen und Verwerfungen hervorgerufen, aber auch fachlich zeigen sich Auswirkungen auf den Bereich der psychosozialen und Erziehungsberatung. Da geflüchtete Familien nach dem Königsteiner Schlüssel auf alle Bundesländer, Landkreise und Städte verteilt wurden, sind Beratungseinrichtungen überall im Land mit dem Thema Migration und Flucht konfrontiert. Das ist neu.

Es gibt inzwischen umfassende aktuelle Literatur zu Beratung und Therapie mit geflüchteten Kindern, Jugendlichen (speziell unbegleiteten Minderjährigen), Eltern und Familien. Besonders häufig wird der fachliche Umgang mit Traumata und posttraumatischen Belastungsstörungen behandelt, pädagogisch, psychologisch, psychotherapeutisch, psychiatrisch. Die Literatur kann in diesem Kontext nicht gesichtet werden, sie ist viel zu umfangreich und wächst kontinuierlich weiter. Hingewiesen sei aber auf eine knappe Zusammenfassung zu den Belastungen der Familien (Lutter; Westphal 2015).

Auch die bke als Fachverband für Erziehungsberatung hat sich frühzeitig mit dem Thema Flucht auseinandergesetzt. Im Frühjahr 2016 fand die Fachtagung „Trauma Flucht – Erziehungsberatung im Netzwerk der Hilfen“ statt, deren Ergebnisse in dem Band „Geflüchtet in Beratung“ zusammengefasst wurden (bke 2017a).

Die bke hat auch zwei fachliche Stellungnahmen zu Aspekten der Beratung von Familien im Kontext Flucht und Asyl herausgegeben, die dokumentieren, dass geflüchtete Menschen auch im Rahmen der institutionellen Erziehungsberatung ihren Platz haben (bke 2016 und 2017b).

Erziehungsberatungsstellen eignen sich aufgrund ihrer Strukturmerkmale sehr gut auch für die Arbeit mit geflüchteten Menschen. Beratungsstellen sind im ganzen Land anzutreffen. Die hohen fachlichen Qualifikationen der Fachkräfte und die multiprofessionelle Teamzusammensetzung könnten gerade für geflüchtete Familien, deren Fragen und Problembelastungen sich auf ganz unterschiedlichen Ebenen darstellen, von besonderer Bedeutung sein.

Da Erziehungsberatung jedoch eine kommunale Aufgabe der Jugendhilfe ist, unterscheiden sich die Aufträge und Anforderungen der öffentlichen Jugendhilfeträger an die Beratungsstellen beträchtlich. Während an vielen Orten geflüchtete Menschen selbstverständlich zur Klientel der Beratungsstellen gehören, ist das anderenorts vom öffentlichen Jugendhilfeträger nicht gewünscht. Manchmal werden personelle Engpässe befürchtet, oft auch die Beratungsangebote für die Familien auf Sozialberatung begrenzt, die dann bei den Trägern der Unterkünfte angesiedelt ist. Oder es werden andere Träger mit der psychosozialen Versorgung von geflüchteten Menschen betraut oder deren Fragestellungen in den psychiatrischen Bereich verschoben (was dann auch eine andere Kostenträgerschaft bedeutet).

Wo Erziehungsberatungsstellen den Auftrag wahrnehmen, mit geflüchteten Menschen zu arbeiten, kommen ihnen die hohen Qualitätsstandards sicher zugute, aber auch die Tatsache, dass die Beratungsfachkräfte aus anderen Kontexten die Beratung besonders belasteter, manchmal auch traumatisierter Menschen kennen (z. B. bei häuslicher und sexueller Gewalt). Aber es gibt auch Hemmnisse:

Die Fremdheit gegenüber Menschen aus ganz unterschiedlichen Regionen der Welt mit ihren jeweils sehr divergierenden kulturellen Prägungen kann verunsichern. Die Belastungen, die Flüchtlinge aus der Heimat oder von der Flucht mitbringen, sind den Berater/innen meist nicht vertraut. Und das alles beherrschende Thema Trauma weckt bisweilen Zweifel, ob man dieser Klientel gewachsen ist.

Allerdings ist eine Beratungsstelle kein Traumatherapie-Institut, die Berater/innen müssen nicht alle Traumatherapeut/innen sein. Aber sie sollten in der Lage sein, traumatische Belastungen als Wirkfaktor in der Beratung wahrzunehmen und in den Beratungsverlauf zu integrieren, wie es ihnen bei andern Ratsuchenden mit hohen Belastungen und Traumatisierungen auch gelingt. Es leidet auch nicht jeder geflüchtete Mensch an posttraumatischen Belastungsstörungen. Gerade auch Kinder, die während der Flucht familiären Zusammenhalt erfahren haben und von belastenden Erlebnissen abgeschirmt werden konnten, zeigen erstaunliche Stabilität und Resilienz.

Dem Anspruch, ein niedrigschwelliges Angebot für Ratsuchende vorzuhalten, können Beratungsstellen gegenüber geflüchteten Menschen nur gerecht werden, wenn sie abwartende Positionen aufgeben und sich auf die Besonderheiten dieser Klientel besser einstellen.

Flüchtlingsfamilien haben existenzielle Probleme und leben oftmals unter schwierigen, ja prekären Bedingungen. Fehlende Privatsphäre und ständige Öffentlichkeit in den Unterkünften, Lärm, unzureichende Strukturen, unsicherer Aufenthaltsstatus, sich verzögernde Asylverfahren, all das sind belastende Rahmenbedingungen für Familienleben, Eltern-Kind-Beziehung und Erziehungsverhalten. Die meisten der angesprochenen Themen sind mit Mitteln psychosozialer Beratung nicht zu bearbeiten. Die Berater/innen können vielleicht ihre unterschiedlichen beruflichen Profile hilfreich einbringen, um die Familien zu unterstützen.

> „Um der besonderen Situation geflüchteter Kinder, Jugendlicher und Eltern gerecht zu werden, müssen Erziehungsberatungsstellen ihre Kooperationen aktiv erweitern: Je nach Bedarf im Einzelfall können die Sozialdienste der Wohnheime, Migrationsfachdienste, Rechtsanwälte für Ausländer- und Asylrecht, Sozial- und Flüchtlingsberatungsstellen, Migrantenorganisationen, Willkommens-Initiativen u. a. m. neue Kooperationspartner sein" (bke 2017b, S. 6).

Die Familien sind in ihren Unterkünften oft recht isoliert, sie kennen auch die Vielfalt der Versorgungs- und Unterstützungseinrichtungen nicht. Niedrige Schwelle bedeutet hier, nicht in den Beratungsstellen auf die Klient/innen zu warten, sondern den Kontakt mit den Unterkünften aufzunehmen und mit deren Fachkräften vor Ort Kooperationen zu planen. Es können Gelegenheiten geschaffen werden, sich den Familien vorzustellen, die Angebote bekannt zu machen, sich die Fragen der Eltern anzuhören und daraus Beratungs- oder präventive Angebote zu entwickeln. Oft gibt es in den Gemeinschaftsunterkünften auch sehr niedrigschwellige Nachbarschaftstreffen, Elterncafés o. Ä., die Berater/innen Gelegenheit bieten, ihre Arbeit den Eltern vorzustellen. Das Aufsuchen der Familien in den Unterkünften ist ein hilfreicher Schritt, die Menschen kennenzulernen und mit den Aufgaben der Beratungsstelle vertraut zu machen. Oft ist es auch sinnvoll, Erstberatungen in den Einrichtungen durchzuführen, um Ängste zu überwinden. Aber wenn die örtlichen Gegebenheiten es zulassen, kann man auch versuchen, Beratungstermine in die Beratungsstelle zu verlagern. Viele Familien sind froh, wenn sie die Unterkünfte verlassen und andere Orte kennenlernen können.

Möglicherweise ist es gerade für die Arbeit mit Geflüchteten besonders vorteilhaft, dass die Erziehungsberatungsstellen nicht nur Einzelberatungen durchführen, sondern auch Gruppen- und präventive Angebote machen können. Das kommt den Familien oft sehr entgegen. Denn Fragen zum Schulsystem, zu den Anforderungen von Kita, Schule und Ausbildung sind für alle von Interesse und müssen nicht in der Einzelberatung behandelt werden.

Aber es ergeben sich aus Informationsveranstaltungen oft neue Fragen zu Familienbildern, Erziehungswerten und elterlichem Erziehungsverhalten, die gut in Gruppen oder in Beratungen weiterbearbeitet werden können.

Angesichts der Vielzahl von Themen, die die Flüchtlingsfamilien in den ersten Phasen der Migration und Akkulturation zu bewältigen haben, angesichts vieler völlig neuer Vorstellungen von Erziehung, Individualität, Kindheit und Geschlechterrollen, die sie kennenlernen, können die Beratungsstellen ein Refugium für Eltern sein, sich bewusst mit den neuen Anforderungen auseinanderzusetzen und dafür Gestaltungsmöglichkeiten zu entwickeln und Ressourcen zu aktivieren. Für Eltern und Kinder können die Beratungsstellen ein sicherer Ort werden, um Erlebtes zu verarbeiten, Alltagsprobleme zu bewältigen und an Zukunftsperspektiven zu arbeiten.

Über die schon erwähnten Netzwerke können sich auch Kooperationen mit anderen Helfergruppen ergeben. Die Fachkräfte der Unterkünfte sind oft für Unterstützung, Weiterbildungen und Schulungen (z. B. zu Fragen des Kinderschutzes oder zu anderen psychosozialen Einflüssen auf die betroffenen Familien) aufgeschlossen. Ehrenamtliche Helfer/innen, die sich oft mit den übernommenen Aufgaben mit den Familien alleingelassen und überfordert fühlen, können von Fachkräften der Beratungsstelle beraten oder angeleitet werden oder Supervision erfahren.

Es gibt also für die Berater/innen viel zu tun in der Flüchtlingsarbeit. Aber gibt auch ein nicht aufzulösendes Dilemma zwischen der faktischer Perspektivlosigkeit im Alltag der Flüchtlingsfamilien (Warten auf das Asylverfahren, erzwungene Untätigkeit, unzureichende Lern- und Betätigungsmöglichkeiten) und dem Ziel, individuelle Zukunfts- und Entfaltungsmöglichkeiten für Kinder und Familien zu entwickeln.

Gefühle des Ausgeliefertseins, der Machtlosigkeit und die Nicht-Veränderbarkeit der Situation bemächtigen sich nicht nur der Betroffenen, sondern auch der Helfersysteme.

Es kann sich für die Berater/innen immer wieder auch die Situation ergeben, dass gerade begonnene und sich positiv entwickelnde Beratungen abrupt enden, weil eine Familie an einen anderen Ort verlegt wird, Asylverfahren abgelehnt und Menschen ins Herkunftsland oder ein europäisches Erstaufnahmeland abgeschoben werden. Solche Ereignisse belasten nicht nur die Betroffenen, sondern auch die Helfer/innen. Darum ist es zu Beginn der Beratung wichtig, „die eigene Rolle ebenso wie die Grenzen der Beratung zu benennen und zu erklären" (bke 2016, S. 28). Die Berater/innen brauchen aber auch den Rückhalt und die Unterstützung des Teams. Auf der Basis der Teamkultur können die Fachkräfte Unsicherheiten und Zweifel äußern, erhalten Raum für Reflexion der belastenden Situation, beanspruchen und erfahren Unterstützung durch die anderen Teammitglieder.

Fazit. Die Beratungsstellen bringen eine Menge förderlicher Strukturbedingungen in ihren Einrichtungen mit, um einen wichtigen Beitrag zur psychosozialen Begleitung und Förderung von Flüchtlingsfamilien und unbegleiteten minderjährigen Flüchtlingen leisten zu können. Aber ein Selbstläufer ist das nicht. Es muss konzeptionell geplant, im Team können Ideen entwickelt und Absprachen getroffen werden, damit der Kontakt zu den Trägern der Flüchtlingseinrichtungen und zu den betroffenen Familien zustande kommt und angemessene Beratungsangebote gemacht werden können.

Fallstricke, Grenzen und Grenzübertritte

Es mag etwas unangebracht erscheinen, gerade am Ende eines Kapitels über Interkulturelle Kompetenz auch über Grenzen zu sprechen. Aber es ist doch notwendig. Denn die Komplexität der Migrationsthematik berücksichtigend wäre es vermessen anzunehmen, dass mit der Akkumulation interkultureller Kompetenzen migrations-und kultursensible Beratung jederzeit und überall gelingen kann. Zumal dargestellt wurde, dass der Erwerb interkultureller Kompetenz einen Lernprozess darstellt, der ständig fortgeführt werden muss.

Hier soll es aber nicht um Grenzen in der Beratung gehen, die auf unzureichende interkulturelle Kompetenzen der Fachkräfte oder widrige institutionelle Strukturen zurückzuführen sind, sondern um solche, die allen guten Voraussetzungen zum Trotz das Gelingen von Beratungen im interkulturellen Kontext erschweren oder verhindern.

Wie zuvor schon bei der Darstellung von Kinderschutzfragen betont, gibt es gesetzliche Grenzen, die Berater/innen selbstverständlich zu berücksichtigen haben: das Kindeswohl, das Recht auf gewaltfreie Erziehung, der Erhalt der körperlichen und psychischen Integrität von Familienangehörigen, Menschenrechte. Wo zu beratende Menschen diese Vorgaben nicht zu achten bereit sind, muss die Beratungsfachkraft alles tun, um potenziellen Opfern Schutz angedeihen zu lassen, und das sind in erster Linie nicht Beratungen, sondern die Einleitung von Interventionen staatlicher Institutionen. Diese führen meistens zu einer Beendigung der Beratung, weil die betreffenden Klient/innen die Übergabe an Jugendamt, Polizei oder Staatsanwaltschaft meist als Verrat oder Vertrauensbruch durch die Beratungsfachkraft interpretieren. Dabei wäre eigentlich der Zeitpunkt, zu dem potenzielle Opfer von Übergriffen in Sicherheit und auch potenzielle Täter vor eigenen Übergriffen geschützt sind, besonders geeignet, mit letzteren in beraterischen oder therapeutischen Gesprächen Einstellungs- und Verhaltensänderungen einzuleiten.

Doch nicht immer ist der gesellschaftliche Diskurs – juristische Vorgaben inbegriffen – so eindeutig, dass daraus klare Implikationen für beraterisches Handeln abgeleitet werden können: Sind sich praktisch alle Fachleute einig, dass die Beschneidung weiblicher Genitalien, genauer die Verstümmelung weiblicher Genitalien, gesellschaftlich zu ächten ist, auch wenn sie zum kulturellen Erbe in vielen afrikanischen Ländern gehört, ist die – sicher deutlich weniger dramatische, aber deshalb nicht unbedingt unproblematische – Beschneidung von männlichen Kindern gesellschaftlich akzeptiert oder zumindest toleriert, vor allem mit Rücksicht auf die religiösen Vorgaben im Judentum und im Islam. Aber da, wo klare Regularien und Normierungen fehlen, nehmen Verunsicherungen zu. Plötzlich steht die persönliche Einschätzung im Vordergrund. Und die Ambiguitätstolerenz der Fachkräfte in der Beratung ist gefragt: Wo bin ich bereit, kulturelle Eigenheiten, die gesetzlich nicht sanktioniert sind, anzunehmen? Wo sind meine individuellen Grenzen von Akzeptanz und Ambiguitätstolerenz?

Eppenstein und Kiesel benennen die Prinzipien der Anerkennung der Menschenwürde und der Menschenrechte als Basis der sozialen Arbeit und bemerken dazu, dass soziale Arbeit im Migrationskontext immer wieder die Helfer hilflos machen kann, „[...] wenn der Klient etwa kategorischen Respekt vor seinen (partikularen) Selbstverständlichkeiten und kulturellen Praktiken verlangt. Die Orientierung an Menschenwürde und Menschenrechten kann dann dazu führen, dass die intervenierende Person bestimmte Verhaltensmuster und mit ihnen verbundene Gelingensmuster missbilligen muss. Zugleich soll sie diese doch achten und ‚vorbehaltlos akzeptieren'" (Eppenstein; Kiesel S. 231). Und weiter: „Für den interkulturelle Verständigungsprozess ist es [...] notwendig, eine moralische Identität aufzubauen, die in der Lage ist, Verstehensgrenzen zu überschreiten " (ebd. S. 233).

Ein solcher Grenzübertritt – nicht zu verwechseln mit einer unzulässigen Grenzüberschreitung – , der einen hohen Anspruch an moralische Identität und ethisches Bewusstsein stellt, kann nicht immer gelingen. Ein Gelingen hängt entscheidend von den individuellen Voraussetzungen der Beratenden und Beratenen und spezifischen situativen Gegebenheiten ab. Jede Beratungsperson bringt eigene persönliche Erfahrungen, Einstellungen und Prägungen mit, die für eine Beratungsbeziehung bedeutsam sein können. Diese zu hinterfragen ist legitim und hilfreich, ihre Existenz in die Beratungsplanung einzubeziehen ist notwendig. In einem Team werden nicht alle Fachkräfte gleich ausgeprägte interkulturelle Erfahrungen und Kompetenzen haben. Dies zum Wohle der Klient/innen zu berücksichtigen, scheint angemessen zu sein.

Extremisten, Nationalisten, Islamisten, Rechtsradikale, voll verschleierte Frauen, gewalttätige Männer oder Väter, sexuell übergriffige Täter, religiöse Fanatiker, IS-Anhänger, Autonome, Antisemiten, Homophobe, Gewaltfanatiker – all das können auch einmal Ratsuchende in der Beratung sein. Und keine Beratungsfachkraft kann und muss in der Lage sein, mit all diesen Menschen „die Verstehensgrenzen zu überschreiten". Aber die eigenen Grenzen zu erkennen, die Ursachen dieser Grenzen aufzuspüren und sie wo möglich an der einen oder anderen Stelle zu verschieben, ist eine Anforderung an jede Beratungsfachkraft und im Übrigen eine zentrale Aufgabe eines Dialogs in einem interkulturell agierenden Team. Häufig finden sich dann in Teams Fachkräfte, die sich zutrauen, mit Klient/innen besonderer Orientierung arbeiten zu können, während das für andere Teammitglieder ausgeschlossen erscheint. Dieses Phänomen gibt es im Übrigen genauso mit Klientel ohne Migrationshintergrund.

BEISPIELE

Gelegentlich kommen mit Nikab oder Burka voll verschleierte Frauen in die Beratung. Das kann bei vielen Fachkräften durchaus Aversionen wecken oder den nachvollziehbaren Einwand hervorrufen, man könne niemanden beraten, dem man nicht „ins Gesicht schauen" könne. Über solche Fragen im Team zu sprechen, ist außerordentlich hilfreich, kann möglicherweise dazu beitragen, die Aversionen einzelner aufzulösen oder zu reduzieren und führt oftmals dazu, dass eine Fachkraft sich bewusst dafür entscheidet, die Beratung zu übernehmen.

Ein türkischstämmiger Mitarbeiter – säkular und nicht religiös orientiert – hat reichlich Erfahrung in erfolgreicher Beratungsarbeit mit religiösen und politisch gänzlich anders eingestellten Klienten. Nachdem er sich in einer neuen Beratung den aggressiven Agitationsversuchen eines religiösen Nationalisten ausgesetzt sah, entschließt er sich nach der Diskussion im Team, den Fall an eine Kollegin abzugeben, die den Agitationsversuchen mit stoischer Gelassenheit begegnen kann.

Eine Mitarbeiterin jüdischen Glaubens mit traumatischer Familiengeschichte erlebt rassistische Äußerungen eines Klienten, die sie hilflos und wütend machen. In der Supervision wird ihr klar, dass sie entgegen ihrem ersten Impuls die Beratung weiter fortführen möchte. Ein Kollege aus dem Team übernimmt auf ihren Wunsch hin die Rolle des Co-Beraters.

Gleichwohl erscheint es auch legitim, dass eine Beratungsstelle sich nicht verpflichtet sieht, sich auf jede Herausforderung einzustellen. Wenn sie in ihrer Konzeption Weltoffenheit und kulturelle Vielfalt vertritt, sind Menschen, die dumpf rassistisch und nationalistisch auftreten, in ihr nicht gut aufgehoben, weil eine vertrauensvolle und gegenseitig wertschätzende Beratungsatmosphäre nicht herstellbar ist.

Nicht ohne Grund gibt es inzwischen auch spezialisierte Stellen, die sich beispielsweise um Eltern von Kindern kümmern, die in den Islamismus abgetaucht sind, oder auch vereinzelt um Jugendliche aus dieser Szene, die sich davon distanzieren möchten. Solche Fragestellungen tauchen in den psychosozialen und Erziehungsberatungsstellen selten auf, wie auch Klient/innen aus einem fundamentalistisch religiösen Milieu. Diese Personen haben in alle Regel größte Vorbehalte gegenüber Institutionen der Mehrheitsgesellschaft und wenden sich meist mit ihren Anliegen an Vertreter/-innen ihres eigenen Umfeldes.

Risikofaktoren für gelingendes interkulturelles Verstehen

Abschließend soll dargestellt werden, was die Fallstricke bei der Aneignung interkultureller und kultursensibler Betrachtungsweisen sein können. Eppenstein und Kiesel (2008, S. 237–240) beziehen sich auf Nussbaum (1927) und benennen unter den Stichworten „Chauvinismus und Romantizismus, Eigensinn und Intersubjektivität“ einige Risikofaktoren für gelingendes interkulturelles Verstehen:

- *Chauvinismus:* Fremde Kulturen werden aus der eigenen „westlichen“ Perspektive betrachtet. Oder das Fremde wird als eine andere Gestalt des Eigenen gedeutet und damit seiner Eigenheit du Fremdheit beraubt. Oft wird impliziert, dass die eigene Kultur fremden Kulturen überlegen ist.
- *Romantizismus* wird beschrieben als „[...] Ausdruck eines ro-

mantischen Bedürfnisses nach exotischen Erfahrungen, die das Alltagsleben zu versagen scheint. Mit ihm geht ein Bedürfnis nach Alternativen zu vertrauten Lebens- und Denkweisen, nach dem geheimnisvollen und auch oft abenteuerlichen Fremden einher. – Aus der Wahrnehmung des Fremden wird dann all das ausgeblendet, was zu diesen Erwartungen nicht passt, und all das, was die fremde Kultur mit der eigenen gemein hat und verbindet" (ebd. S. 238).
Wertschätzung anderer Kulturen wird hier verzerrend in Abgrenzung zu negativ erlebten Anteilen der eigenen Kultur verklärt.

- *Eigensinn oder „normativer Skeptizismus":* Im Gegensatz zur Toleranz, die meist klare Kriterien für angemessenes und unangemessenes Verhalten hat, verzichtet der normative Skeptizismus auf jedwedes normative Urteil über Fremdes. Eine fremde Kultur wird als so anders und eigentümlich angesehen, dass es keine Kriterien für eine gemeinsame Betrachtung verschiedener Kulturen geben könne. So grenzt sich der Skeptizismus von chauvinistischen Betrachtungsweisen ab, kann aber beispielsweise Gemeinsamkeiten in den Lebensbedingungen unterschiedlicher Kulturen gar nicht wahrnehmen.
  Intersubjektiv betrachtet haben alle Menschen jedweder Herkunft dieselben existenziellen Fragestellungen und Konflikte. Der interkulturelle Vergleich ermöglicht unter dieser Prämisse auch die Wahrnehmung kultureller Differenzen, ordnet sie letztlich aber den allgemein menschlichen Fragestellungen unter. Auf diese Weise werden aber Ungleichheit und die unterschiedliche Verfügbarkeit von Ressourcen für Angehörige der Mehrheits- und Minderheitsgesellschaft bagatellisiert und die Unterschiede nivelliert (vgl. Kunze 2018, S. 62f)
- Kunze benennt als Falle in der kultursensiblen Arbeit noch die Überbetonung einer Anwaltschaft für Minderheiten. Dieser Akt von Fürsorglichkeit lässt die Ratsuchenden und ihre Anliegen in den Hintergrund treten, ihr Leidensdruck werde auf die Probleme der Minderheitensituation reduziert (ebd. S. 63f).

Elemente der chauvinistischen Haltung lassen sich in dieser Position erkennen.

Zum Schluss noch einmal der Hinweis: Den Fallstricken und Hürden in der kultursensiblen Beratungsarbeit ist am wirkungsvollsten durch offenen Austausch und fachlichen Dialog im Team zu begegnen. Die Teamkultur lebt davon und ermöglicht, dass die Aneignung interkultureller Kompetenzen einen lebendigen Prozess darstellt.

Die Teamleitung trägt gerade im Falle schwieriger oder scheiternder Beratungsversuche und -verläufe im interkulturellen Kontext eine besondere Verantwortung dafür, dass die Grenzen des Leistbaren für Mitarbeiter/innen und Klientel deutlich erkennbar werden bzw. bleiben. Sie hat die Aufgabe, in dem belasteten Prozess für Entlastung zu sorgen, den betroffenen Fachkräften Schutz und Fürsorge zu geben und eine fundierte Aufarbeitung einer krisenhaften Fallentwicklung in Teamsitzung und Supervision zu initiieren.

Schlusskapitel

Fremd Sein ist uns vertraut.
Motto des Internationalen Familienzentrums

In diesem Buch wurde dargelegt, dass interkulturell kompetente, kultur- und migrationssensible Beratung sich an eine sehr heterogene Bevölkerungsgruppe richtet; an Menschen mit Migrationshintergrund. Sie umfasst Kinder und Enkel der Einwanderergeneration ebenso wie gerade erst in Deutschland angekommene Menschen. Verschiedenste Arten der Arbeitsmigration, Flucht vor Gewalt, Krieg oder Armut, Asylbegehren, EU-interne Binnenmigration im Rahmen der Freizügigkeit, legale und nicht legale Immigration, all diese Formen der Migration versammeln sich in dem Begriff des Migrationshintergrundes. Dass es bei dieser Vielgestaltigkeit der Zuwanderung keine einfachen Regeln, Rezepte für die psychosoziale, Erziehungs- und Familienberatung mit Migrationsfamilien geben kann, liegt auf der Hand. Die Arbeit mit dieser Klientel ist komplex und erfordert einen sehr genauen, individuellen Blick auf die zu beratenden Menschen. Das ist eine Herausforderung für die Beratungsfachkräfte, aber gerade aufgrund ihrer Vielseitigkeit ist die Aufgabe unglaublich anregend, bereichernd und spannend.

Beratungsarbeit mit Migrationsfamilien durchzuführen, setzt voraus, dass die Berater/innen deren Beratungsbedarfe erkennen und offen, neugierig und fachlich wie persönlich bereit sind, sich mit dem Fremden, dem nicht Vertrauten zu beschäftigen und sich mit eigenen Vorurteilen, stereotypen Gedanken und Fremdheitsgefühlen auseinanderzusetzen. Auch das gelegentliche In-Frage-Stellen eigener fachlicher Grundannahmen und Interventionen, Beratungskonventionen und das Aushalten der eigenen Verunsicherung darüber gehören dazu.

Allerdings reicht dieses Humankapital für eine interkulturell gut aufgestellte Beratungseinrichtung noch nicht aus: Der Träger selbst muss im Sinne des Anforderungsprofils an die interkulturelle Öffnung von Institutionen die Grundlagen für kultur- und migrationssensible Beratungsarbeit schaffen. Das beinhaltet eine interkulturelle Ausrichtung des Profils, auch des Leitbilds der Beratungsstelle, interkulturelle Weiterbildungsangebote für Mitarbeiter/innen, eine am Bedarf der Klientel ausgerichtete Personalpolitik, eine an Diversität orientierte Ausstattung der Beratungseinrichtung inklusive Online-Präsenz sowie Modifikationen und Erweiterungen der Beratungsabläufe (mehr Zeit, Gewährleistung von kompetenter Sprachmittlung etc.).

Seitens der Auftraggeber müssen Träger und Mitarbeiter/innen der Beratungseinrichtung klare und prägnante Vorgaben machen, dass ihr Versorgungsauftrag sich auch auf Migrationsklientel (generell oder eindeutig benannte Gruppen) bezieht. Das bedeutet, dass der Auftraggeber das Ziel einer bedarfsgerechten Versorgung von Migrationsklientel und deren Partizipation an der psychosozialen Versorgung vertritt.

Im Team der Beratungsstelle muss Einigkeit darüber bestehen, dass Versorgung von Migrationsklientel eine Querschnittsaufgabe aller Fachkräfte ist, was nicht ausschließt, dass personelle Schwerpunkte gesetzt werden, je nach fachlichen und personellen Voraussetzungen, die die einzelnen Mitarbeiter/innen mitbringen. Eine ernsthafte Ausrichtung der Beratungsstelle auf Migrationsklientel erfordert aber auf jeden Fall eine Beschäftigung des gesamten Teams mit Migrationsfamilien und mit interkulturellen Themen in Fallbesprechung, Supervision, Organisationsteam und Konzeptentwicklung.

Die Aneignung interkultureller Kompetenzen wird verstanden als ein Prozess, der wegen der Veränderung der Migrationsformen, wegen der ständigen Veränderung der gesellschaftlichen Rezeption von Einwanderung (auch Fremdenangst und Rassismus gehören dazu) und wegen der immer neuen Beratungserfahrungen der Beratungsfachkräfte mit Migrationsfamilien ständig in Bewegung ist und sich erweitert. Alle Arbeitsbereiche der Beratungsstelle sind einzubeziehen: Sekretariat, Ablaufprozesse, Diagnostik, präventive Arbeit, institutionelle Kooperation und Vernetzung.

Zentrale Bedeutung für ein besseres Verstehen der Migrationsfamilien hat das migrations- und kultursensible Fallverstehen – das Modell für das entsprechende Vorgehen in der Fallbesprechung wurde dargestellt. Es hat sich in der Praxis sehr bewährt, vor allem, wenn es so häufig zur Anwendung kommt, dass im Team eine gewisse Routine mit den unterschiedlichen Sichtweisen entstehen kann. Gerade das klare Unterscheiden kulturell geprägter und migrationsspezifischer/gesellschaftlicher Wirkfaktoren schärft den Blick für die unterschiedlichen Einflüsse auf das Geschehen, das Anlass der Beratung ist. Kulturalisierende oder ethnisierende Stereotypen können so vermieden werden.

Gute Kommunikation als wichtigste Voraussetzung für erfolgreiche Beratung hat in der Arbeit mit Migrationsfamilien viele Facetten, aber Grundlage ist, dass eine angemessene sprachliche Verständigung ermöglicht wird. Das bedeutet oftmals auch den Einsatz von Sprachmitter/innen. Die sprachliche Verständigung zu gewährleisten liegt in der Verantwortung der Beratungseinrichtung, die Klient/innen sollten von dieser Aufgabe befreit werden. Der Beratungsprozess mit Übersetzer/innen verändert das Setting massiv und sollte von den Fachkräften deswegen gut vorbereitet und ausgewertet werden. Gerade da, wo Arbeit mit Übersetzer/innen nicht zur Alltagsroutine gehört, sollten die Fachkräfte ihre Erfahrungen mit Übersetzung in der Beratung zusammentragen und sich gegenseitig unterstützen und ermutigen.

Auch die Kultur des Willkommenheißens in der Ausstattung und Gestaltung der Beratungseinrichtung sichtbar zu machen, ist eine Aufgabe für Leitung und Mitarbeiter/innen des gesamten Teams. Die Stelle einmal mit den Augen einer/eines Fremden zu betrachten und sich vorzustellen, welche Signale den Zugang erleichtern könnten, kann eine kreative und bereichernde Aufgabe für ein Team sein.

Das interkulturell zusammengesetzte vielsprachige Team wurde als Beispiel für besonders nachhaltige kultur- und migrationssensible Beratung dargestellt. Aber es wird in den meisten Institutionen die Ausnahme sein. Jenseits dieser Best-Practice-Modelle bietet aber das Team einer psychosozialen oder Erziehungsberatungsstelle jede Menge positiver Voraussetzungen für die Beschäftigung mit Migrationsklientel. Viele Beratungsteams sind ohnehin ziemlich heterogen zusammengesetzt (Junge und Erfahrene, Frauen und Männer, unterschiedliche Professionen und fachliche Hintergründe, vielleicht auch unterschiedliche Herkünfte und Fremdsprachkenntnisse). Vor allem aber stellen das an den Bedürfnissen der Ratsuchenden orientierte Beratungsverständnis, eine selbstreflexive Haltungen der Fachkräfte und die Selbstverständlichkeit des fachlichen Austauschs in Team und Supervision sehr gute Voraussetzungen dafür dar, in einem gemeinsamen Prozess interkulturelle Kompetenzen zu erarbeiten und den Besonderheiten und Bedürfnissen der Migrationsfamilien immer besser Rechnung zu tragen.

Wo dieser Prozess eine guten Verlauf nimmt, kommt das allen zugute: dem Träger, dem Renommee der Einrichtung, den Mitarbeiter/innen, dem Team und vor allem den Ratsuchenden – egal ob mit oder ohne Migrationshintergrund.

Literatur

Abdallah-Steinkopff, B. (2018): *Interkulturelle Erziehungskompetenzen stärken – Ein kultursensibles Elterntraining für geflüchtete und zugewanderte Familien.* Göttingen: Vandenhoeck und Ruprecht.

Alberstötter, U.; Demmer-Gaite, E.; Fryszer, A.; Gisbers, S.(2000): Unterschiedliche Sichtweisen im interkulturellen Beratungskontext. In: Friese, P.; Kluge, I. (Hrsg.): *Fremdheit in Beratung und Therapie*, Fürth: bke, S. 68–95.

Atabay, I. (2010): *Ich bin Sohn meiner Mutter*, Freiburg/Br.: Centaurus-Verlag.

Auernheimer, G. (Hrsg.) (2008): *Interkulturelle Kompetenz und pädagogische Professionalität.* Wiesbaden: VS Verlag für Sozialwissenschaften, 2013.

Banning, H. (1999): *Bessere Kommunikation mit Migranten – Ein Lehr- und Trainingsbuch.* Weinheim: Beltz.

Bermejo, I. (2013): Psychische Störungen bei Migrantinnen und Migranten. In: Körner, W.; Irdem G.; Bauer U. (Hrsg.): *Psychosoziale Beratung von Migranten.* Stuttgart: Kohlhammer.

bke; DAKJEF; EKFuL; BAG (2017): Empfehlungen für Qualitätsstandards für die Zusammenarbeit mit Dolmetschenden in der psychologischen/psychosozialen Beratung. In: *Geflüchtet in Beratung – Hilfen für Kinder, Jugendliche und Eltern*, Fürth 2017, bke, S. 139–148.

Borde,Th.; Blümel, St. (2015): Gesundheitsförderung und Migrationshintergrund. Im Internet (Seite der BZgA) unter www.leitbegriffe.bzga.de/systematisches-verzeichnis/strukturen-settings-und-zielgruppen/gesundheitsfoerderung-und-migrationshintergrund/.

Brisch, K.-H. (2016) (Hrsg.): *Bindung und Migration.* Stuttgart: Klett Cotta.

Bundeskonferenz für Erziehungsberatung (bke) (2016): Kindern, Jugendlichen und Eltern eine Perspektive geben – Aspekte der Beratung von Familien im Kontext Flucht und Asyl. In: *Informationen für Erziehungsberatungsstellen* 2/2016, S. 23–28.

Bundeskonferenz für Erziehungsberatung (bke) (2017a): *Geflüchtet in Beratung – Hilfen für Kinder, Jugendliche und Eltern.* Fürth: bke.

Bundeskonferenz für Erziehungsberatung (bke) (2017b): Wirksamkeit für geflüchtete Kinder, Jugendliche und Eltern entfalten In: *Informationen für Erziehungsberatungsstellen* 1/2017, S. 4–7.

Bundeskonferenz für Erziehungsberatung (bke) (2018): Kultur- und migrationssensible Aspekte beraterischen Handelns in Kinderschutzkontexten In: *Informationen für Erziehungsberatungsstellen* 1/2018, S. 3–8.

Bundesministerium für Familie, Senioren, Frauen und Jugend (BMFSFJ) (2000): *Sechster Familienbericht „Familien ausländischer Herkunft in Deutschland – Leistungen, Belastungen, Herausforderungen“*, Berlin: BMFSFJ.

Burkhardt Montanari, E. (2000): *Wie Kinder mehrsprachig aufwachsen – Ein Ratgeber.* Frankfurt/Main: Brandes und Apsel, 2010.

Demmer-Gaite, E.; Friese, P. (2004): Interkulturelle Aufgaben in der Erziehungsberatung. In: Radice von Wogau, J.; Eimmermacher, H.; Lanfranchi, A. (Hrsg.): *Therapie und Beratung von Migranten*, Weinheim: Beltz, S. 190–204.

Eppenstein, Th.; Kiesel, D. (2008): *Soziale Arbeit interkulturell*. Stuttgart: Kohlhammer.

Erim, Y. (2009): Psychotherapie mit Migranten – Interkulturelle Aspekte in der Psychotherapie. In: Y. Erim: *Klinische interkulturelle Psychotherapie – Ein Lehr- und Praxisbuch*, Stuttgart: Kohlhammer.

Feldmann, R.; Seidler, G.H. (2013) (Hrsg.): *Traum(a) Migration – Aktuelle Konzepte zur Therapie traumatisierter Flüchtlinge und Folteropfer*. Gießen: Psychosozial-Verlag.

Fischer, V.; Springer, M. (2011) (Hrsg.): *Handbuch Migration und Familie*. Schwalbach/Ts.: Wochenschau-Verlag.

Friese, P. (2007): Interkulturelle Kompetenz in der Kinderpsychotherapie. In: Borg-Laufs, M. (Hrsg.): *Lehrbuch der Verhaltenstherapie mit Kindern und Jugendlichen*. Tübingen, dgvt-Verlag.

Friese, P.; Kluge, I. (Hrsg.) (2000): *Fremdheit in Beratung und Therapie*, Fürth: bke.

Ghaderi, C. (2017): Postmigrantische Gesellschaft: Identität und Kultur im Wandel. In: Graef-Calliess, I.; Schouler-Ocak, M.: *Migration und Transkulturalität*. Stuttgart: Schattauer, S. 3–20.

Gogolin, I.; Georgi, V.; Krüger-Potratz, M.; Lengyel, D.; Sandfuchs, U. (Hrsg.) (2018): *Handbuch Interkulturelle Pädagogik*. Bad Heilbrunn: Verlag Julius Klinkhardt.

Graef-Calliess, I.; Schouler-Ocak, M. (2017): *Migration und Transkulturalität – Neue Aufgaben in Psychiatrie und Psychotherapie*. Stuttgart: Schattauer.

Gün, A.K. (2008): *Interkulturelle Missverständnisse in der Psychotherapie*. Freiburg: Lambertus-Verlag.

Hadzic, E. (2018): Kommunikationsprozesse und Übersetzungsebenen in der Therapie und Beratung von Geflüchteten. In: Schriefers, S.; Hadzic, E. (Hrsg.): *Sprachmittlung in Psychotherapie und Beratung mit geflüchteten Menschen*. Göttingen, Vandenhoeck und Ruprecht, S. 39–58.

Hamburger, F. (2009): *Abschied von der Interkulturellen Pädagogik*. Weinheim: Beltz Juventa, 2012.

Handschuck, S.; Schröer, H. (2012): *Interkulturelle Orientierung und Öffnung*. Augsburg: Ziel-Verlag.

Hargasser, B. (2014): *Unbegleitete minderjährige Flüchtlinge*. Frankfurt a.M.: Brandes und Apsel.

Hartmann, C.; von Törne, A. (2009): Die Kunst, eine gemeinsame Sprache zu finden. Zit. In: Caritas Therapiezentrum für Folteropfer Köln: *Sprachliche Hürden überwinden*, Themenheft 2008/2009, Köln. S. 15ff.

Hegemann, Th. (2009): Interkulturelle Beratung und Therapie braucht einen Rahmen. In: *Zeitschrift für systemische Therapie und Beratung*. 27. Jahrgang Heft 2, S. 95–103.

Hegemann, Th. (2017): Allgemeine und spezifische Grundsätze zur psychotherapeutischen Arbeit mit Geflüchteten. In: Borcsa, M.; Nikendei, Ch. (Hrsg.): *Psychotherapie nach Flucht und Vertreibung*. Stuttgart: Thieme, S. 45–53.

Hegemann, Th.; Lenk-Neumann, B. (Hrsg.) (2002): *Interkulturelle Beratung*. Berlin: Verlag für Wissenschaft und Bildung.

Hegemann, Th.; Oestereich, C. (2009): *Einführung in die interkulturelle systemische Beratung und Therapie*. Heidelberg: Carl-Auer-Verlag.

Hegemann, Th.; Salman, R. (1998): *Transkulturelle Psychiatrie – Konzepte für die*

Arbeit mit Menschen aus anderen Kulturen. Frankfurt am Main: Brandes und Apsel.

Hormel, U.; Jording, J.(2016): Kultur-Nation. In: Mecheril, P. (Hrsg.): *Handbuch Migrationspädagogik,* Weinheim: Beltz, S. 211–215.

Jagusch, B. (2018): Migrationsbiografien und Diversitätsbewusstsein im Kinderschutz. In: Böwer, M./Kotthaus, J. (Hrsg.): *Praxisbuch Kinderschutz.* Weinheim: Beltz Juventa, S. 207–221.

Jagusch, B.; Sievers, B.; Teupe, U. (Hrsg.) (2012): *Migrationssensibler Kinderschutz – Ein Werkbuch.* Frankfurt/M.: IGfH.

Joël, T. (2018): Intelligenzdiagnostik mit geflüchteten Kindern und Jugendlichen. In: *Zeitschrift für Heilpädagogik 69,* 2018. S. 196–206.

Kahraman, B. (2008): *Die kultursensible Therapiebeziehung.* Gießen: Psychosozial-Verlag.

Kapalka, A.; Mecheril, P. (2010): Interkulturell. Von spezifisch kulturalistischen Ansätzen zu allgemein reflexiven Perspektiven. In: Mecheril, P. et al.: *Bachelor-Master Migrationspädagogik,* Weinheim: Beltz, S. 77–98.

Kapalka, A.(2004): Umgang mit ‚Kultur' in der Beratung. In: Radice von Wogau, J.; Eimmermacher, H.; Lanfranchi, A. (Hrsg.): *Therapie und Beratung von Migranten,* Beltz: Weinheim, S. 31–44.

Keller, H. (2011): *Kinderalltag – Kulturen der Kindheit und ihre Bedeutung für Bindung, Bildung und Erziehung,* Berlin/Heidelberg: Springer.

Keller, H. (2016): Kulturelle Modelle und ihre Bedeutung für die frühkindliche Bildung. In: *Interkulturelle Praxis in der Kita.* Freiburg: Herder-Verlag, S. 11 – 23.

Keller, H. (2017): Die Entwicklung der Beziehungen in der frühen Kindheit – Bindung und Kultur. In: *Neue Zeitschrift für Familienrecht,* Band 11, S. 494–499.

Kiesel, D.; Lüpke, H. v. (Hrsg.) (1998): *Vom Wahn zum Sinn – Krankheitskonzepte in der interkulturellen Gesellschaft.* Frankfurt/Main: Brandes und Apsel.

Kleefeldt, E. (2017): Die Kommunikation der Kommunikation. In: *Familiendynamik,* 42;1, S. 10–16.

Kluge, U.; Kassim, N. (2006): „Der Dritte im Raum"– Chancen und Schwierigkeiten in der Zusammenarbeit mit Sprach- und Kulturmittlern in einem interkulturellen psychotherapeutischen Setting. In: Wohlfahrt, E.; Zaumseil, M. (Hrsg.): *Transkulturelle Psychiatrie – Interkulturelle Psychotherapie.* Heidelberg: Springer Verlag, S. 178–198.

Koray, S. (1991): Beratung und Therapie von Migrantenfamilien unter besonderer Berücksichtigung des Sprachaspekts in der Therapeut-Klient-Interaktion. In: *Familiendynamik 16/1,* S. 57–62.

Koray, S. (1993): Wege aus der Sprachlosigkeit – Migrantenfamilien in Beratung und Therapie. In: Rohner, R.; Köpp, W. (Hrsg.): *Das Fremde in und, die Fremden bei uns.* Heidelberg: Asanger-Verlag, S. 114–119.

Koray, S. (2005): Interkulturelle Ausrichtung der Beratung für Eltern, Kinder und Jugendliche – Eine Checkliste. In: *Informationen für Erziehungsberatungsstellen* 3/2005, S. 13–18. Die Checkliste und eine aktualisierte Fassung der Erläuterungen sind in den Online-Materialien zu diesem Buch zu finden.

Koray, S. (2013): Interkulturelle Kompetenz – praxiserprobter Indikator gelingender Psychotherapie und Beratung in interkulturellen Settings. In: *Zeitschrift für systemische Therapie und Beratung,* 31. Jahrgang Heft 2, S. 73–80.

Kunze, N (1998): Interkulturelle psychologische Beratung, in: *Wege zum Menschen*, Jg. 4, S. 195–205.

Kunze, N. (2005): Interkulturelle psychologische Ehe-, Familien- und Lebensberatung und interkulturelle Kompetenz, in: *Blickpunkt efl-Beratung*, 4/2005, S. 6–18, 2005.

Kunze, N. (2018): *Migranten- und kultursensible psychologische Beratung*. Gießen: Psychosozial-Verlag.

Lamm, B. (Hrsg.) (2017): *Handbuch interkulturelle Kompetenz*, Freiburg: Herder-Verlag.

Lamm, B.; Dintsioudi, A. (2017): Was heißt Interkulturelle Kompetenz? In: B. Lamm (Hrsg.) *Handbuch interkulturelle Kompetenz*, Freiburg: Herder-Verlag, S. 16–22.

Lanfranchi, A. (2004): Migration und Integration – Gestaltung von Übergängen. In: Radice von Wogau, J.; Eimmermacher, H.; Lanfranchi, A. (Hrsg.): *Therapie und Beratung von Migranten*, Beltz: Weinheim, S. 13–30.

Lanfranchi, A. (2006): Kulturschock? Interkulturelle Kompetenz in psychosozialen Berufen. In: *Psychoscope*, 8 (27), S. 12–14.

Lanfranchi, A. (2010): Vom Kulturschock der Migranten zum Kulturschock der Professionellen, Psychotherapieforum 2/2010, S. 90–94, 2010 *(Download im Internet)*.

Leenen, W.R.; Groß, A.; Grosch, H. (2008): Interkulturelle Kompetenz in der Sozialen Arbeit. In: Auernheim, G. (Hrsg.): *Interkulturelle Kompetenz und pädagogische Professionalität*. Wiesbaden, 2013, S. 105–126.

Lennertz, I. (2004): Trauma und Bindung bei Flüchtlingskindern. In: Büttner, Ch. et al. (Hrsg.): *Kinder aus Kriegs- und Krisengebieten*. Frankfurt/M.: Campus, S. 141–149.

Lersner, U. v.; Kizilhan, J. I. (2017): *Kultursensitive Psychotherapie*, Göttingen: Hogrefe.

Lutter, E. und Westphal, M. (2015): *Familie im Kontext von Fluchtmigration*. Download unter www.bpb.de/politik/innenpolitik/gangsterlaeufer/200860/familie-im-kontext-von-fluchtmigration.

Machleidt, W.; Kluge, U.; Sieberer, M.; Heinz, A. (Hrsg.) (2018): *Praxis der interkulturellen Psychiatrie und Psychotherapie – Migration und psychische Gesundheit*. München: Urban und Fischer.

Marbach, J. (2006) : Sozialkapital und Integration im Kindesalter. In: C. Alt (Hrsg.): *Kinderleben – Integration durch Sprache, Band 4*. Wiesbaden: VS-Verlag.

Mecheril, P. (Hrsg.) (2016): *Handbuch Migrationspädagogik*. Weinheim: Beltz.

Mecheril, P.; Castro Varela, M.; Dirim, I.; Kapalka, A.; Melter C. (2010): *Migrationspädagogik*. Weinheim: Beltz.

Mecheril, P. (2010): Beratung interkulturell. In: Nestmann, F.; Engel, F; Sickendiek, U. (Hrsg.): *Das Handbuch der Beratung Band 1*. Tübingen: dgvt-Verlag, S. 295–304.

Ministerium für Generationen, Familie, Frauen und Integration des Landes NRW (2006): *Handreichung Interkulturelle Öffnung der Familienberatung*. Düsseldorf, Referat für Presse- und Öffentlichkeitsarbeit.

Montanari, E. (2008): *Mit zwei Sprachen groß werden*. München: Kösel.

Mucker, J.; Bautz, W.; Hadzic, E. (2018): Rahmenbedingungen für Psychotherapie und Beratung unter Einsatz von Sprachmittlern und Sprachmittlerinnen. In:

Schriefers, S.; Hadzic, E. (Hrsg.): *Sprachmittlung in Psychotherapie und Beratung mit geflüchteten Menschen.* Göttingen, Vandenhoeck und Ruprecht, S. 25–38.

Oestereich, C. (2004): Interkulturelles Denken in der Psychiatrie. In: Radice von Wogau, J.; Eimmermacher, H.; Lanfranchi, A. (Hrsg.): *Therapie und Beratung von Migranten*, Beltz: Weinheim. S. 16 - 174.

Oetker-Funk R.; Maurer, A. (Hrsg.) (2009): Interkulturelle psychologische Beratung, Norderstedt: Books on Demand.

Oltmer, J. (2018): Bundesdeutsche Migrationsverhältnisse – Eine kurze Geschichte. In: *Migration und Soziale Arbeit 1/2018*, S. 31–37.

Paruch, J.; Röhrle, B. (2013): Prävention. In: W. Körner et al.: *Psychosoziale Beratung von Migranten.* Stuttgart: Kohlhammer.

Penka, S. (2017) Die interkulturelle Öffnung von psychosozialen Einrichtungen. In: Graef-Callies, I.; Schouler-Ocak, M.: *Migration und Transkulturalität.* Stuttgart: Schattauer. S. 123–130.

Pirmoradi, S. (2012): *Interkulturelle Familientherapie und -beratung – Eine systemische Perspektive.* Göttingen: Vandenhoeck und Ruprecht.

Psyche 9/10–2016: *Heimat – Fremdheit – Migration.* Stuttgart: Klett-Cotta.

Radice von Wogau, J.; Eimmermacher, H.; Lanfranchi, A. (Hrsg.) (2004): *Therapie und Beratung von Migranten,* Weinheim: Beltz Verlag.

Römhild, R. (2018): Kultur. In: Gogolin et al. (Hrsg.): *Handbuch Interkulturelle Pädagogik.* Bad Heilbrunn, Verlag Julius Klinkhardt, S. 17–23.

Scharff Rethfeldt, W. (2013): *Kindliche Mehrsprachigkeit.* Stuttgart: Thieme.

Schepker, R.; Toker, M. (2009): *Transkulturelle kinder- und Jugendpsychiatrie*, Berlin: Wissenschaftliche Verlagsgesellschaft.

Schepker, R.: (2010): Der lange Weg zur kulturellen Interaktion in der Psychotherapie. In: *Psychotherapie im Dialog: Migration*, 11. Jahrgang,4/10, S. 294–298, Stuttgart: Thieme Verlag, 2010.

Schiffauer, W. (2002): *Kulturelle Identitäten.* Vortrag im Rahmen der 52. Lindauer Psychotherapiewochen 2002. www.lptw.de/archiv/vortrag/2002/schiffauer-werner-kulturelle-identitaet-lindauer-psychotherapiewochen2002.pdf

Schlippe, A. v.; El Hachimi, M.; Jürgens, G. (2003): *Multikulturelle systemische Praxis.* Heidelberg: Carl-Auer-Systeme Verlag, 2013.

Schölmerich, A. & Leyendecker, B. (2009): Psychologische Diagnostik bei Kindern aus zugewanderten Familien. In: Irblich, D. & Renner, G. (Hrsg.): *Diagnostik in der klinischen Kinderpsychologie.* Göttingen: Hogrefe, S. 430–440.

Schriefers, S. (2018): Spannungsfelder und Chancen in der Zusammenarbeit mit Sprachmittlern/Sprachmittlerinnen. In: Schriefers, S.; Hadzic, E. (Hrsg.): *Sprachmittlung in Psychotherapie und Beratung mit geflüchteten Menschen.* Göttingen, Vandenhoeck und Ruprecht, S. 100–134.

Schriefers, S.; Hadzic, E. (Hrsg.) (2018): *Sprachmittlung in Psychotherapie und Beratung mit geflüchteten Menschen.* Göttingen, Vandenhoeck und Ruprecht.

Schröer, H. (2018): Migration und soziale Arbeit – Zur Geschichte der letzten 60 Jahre. In: *Migration und Soziale Arbeit* 1/2018, S. 12–19.

Schröer, H.: Interkulturalität (2011). In: Kunz, T.: Puhl, R. (Hrsg.): *Arbeitsfeld Interkulturalität.* Weinheim: Juventa. S. 47f.

Seckinger, M. (2012): Kinderschutz in der Migrationsgesellschaft. In: Jagusch, B./

Sievers, B./Teupe, U. (Hrsg.): *Migrationssensibler Kinderschutz – Ein Werkbuch*, Frankfurt/M.: IGfH-Eigenverlag. S. 26–36.

Seiffge-Krenke, I. (2017): Kulturelle Einflüsse auf die Vaterschaft: Chance für eine Veränderung oder Beharrung auf traditionellen Vaterkonzepten? In: Seiffge-Krenke, I.(2016): *Väter, Männer und Kindliche Entwicklung. Ein Lehrbuch für Psychotherapie und Beratung*. S. 167–186. Berlin, Heidelberg: Springer-Verlag.

SINUS-Institut (2008): *Zentrale Ergebnisse der Sinus-Studie über Migranten-Milieus in Deutschland*. Heidelberg. Zitiert nach: www.yumpu.com/de/document/view/7719424/zentrale-ergebnisse-der-sinus-studie-uber-migranten-sinus-institut/2, Aufruf am 27.11.2018.

Snell-Hornby, M. (Hrsg.) (1999): *Handbuch Translation*, Tübingen: Stauffenberg-Verlag, 2005.

Thomas, A. (Hrsg.) (1993): *Kulturvergleichende Psychologie*, Göttingen: Hogrefe, 2003.

Thomas, A.; P. Simon, P.: Interkulturelle Kompetenz (2007). In: Trommsdorff, G. (Hrsg.): *Anwendungsfelder der kulturvergleichenden Psychologie, Enzyklopädie der Psychologie,* Band 7,3, Göttingen: Hogrefe. S. 135–185.

Timm, K. & Borchers, S. (2017). *SPIQ – Sprachfreie IQ-Diagnostik bei Kindern ohne deutsche Sprachkenntnisse*. Unveröffentlicht Handreichung der Regionalen Schulberatungsstelle des Kreises Borken. Download unter: www.rsb-borken.de/fileadmin/Ressourcen/Veroeffentlichungen/SPIQ/Broschuere_SPIQ-final.pdf

Toprak, A. und El-Mafaalani, A. (2012): Migrationssensible Wahrnehmung des Schutzauftrags bei Kindeswohlgefährdung. In: Schone, R; Tenhaken, W (Hg.): *Kinderschutz in Einrichtungen und Diensten der Jugendhilfe*, Weinheim: Beltz, 2015.

Triarchi-Herrmann, V. (2012): *Mehrsprachige Erziehung*. München: Ernst Reinhardt Verlag.

Uslucan, H.-H. (2011): Resilienzpotenziale bei Jugendlichen mit Migrationshintergrund. In: Zander, M. (Hrsg.): *Handbuch Resilienzförderung*. Wiesbaden: VS-Verlag.

Uslucan, H.-H. (2016): *Kulturelle und curriculare Barrieren der Potenzialentfaltung von Zuwanderern*. www.bug-nrw.de/fileadmin/web/Vielfalt/Uslucan_Kulturelle_Barrieren_der_Potenzialentfaltung.pdf.

Uslucan, H.-H.(2010): Kinderschutz im Spannungsfeld unterschiedlicher kultureller Kontexte. In: Suess, G.; Hammer, W. (Hrsg.): *Kinderschutz*. Stuttgart, Klett-Cotta.

Uslucan, H.-H.(2015): *Interkulturell geprägte Familien- und Erziehungsstile in Deutschland*. Vortragspräsentation unter www.deae.de/Profilbildende-Themen/Vortrag_Uslucan_Interkult.gepraegteFamilien-undErziehungsstileinDt..pdf.

Utecht, C. (2017): Sandspieltherapie für Flüchtlingskinder mit traumatischen Erfahrungen, In: *Geflüchtet in Beratung – Hilfen für Kinder, Jugendliche und Eltern*. Fürth: bke, S. 74–81.

Wagner, St. (2017): *Förderung bei kulturellen Differenzen*. Stuttgart: Kohlhammer.

Wippermann, C.; Flaig, B.B.(2009): Lebenswelten von Migrantinnen und Migranten. In: Aus Politik und Zeitgeschehen 5/2009, Bonn, Bundeszentrale für politische Bildung. www.bpb.de/apuz/32220/lebenswelten-von-migrantinnen-und-migranten?p=all, Aufruf am 27.11.2018.

Wohlfahrt, E.; Zaumseil, M. (Hrsg.) (2006): *Transkulturelle Psychiatrie – Interkulturelle Psychotherapie*. Heidelberg: Springer Verlag.

Yildiz, E. (2017): Postmigrantische Perspektiven, In: Graef-Calliess, I.; Schouler-Ocak, M.: *Migration und Transkulturalität – Neue Aufgaben in Psychiatrie und Psychotherapie*. Stuttgart: Schattauer.

Hinweise zu den Online-Materialien

Die Arbeitsmaterialien können Sie über unsere Internetseite (http://www.beltz.de) herunterladen und ausdrucken. Sie kommen zu den Materialien, indem Sie auf die Seite des Titels gehen, den Link zu den Materialien anklicken und dann folgendes Passwort eingeben: Friese_Beratung_2019.